CB041372

PORTUGAL E A EUROPA EM CRISE

Para acabar com a economia de austeridade

Actual Editora
Conjuntura Actual Editora, S.A.
Rua Luciano Cordeiro, nº 123- 1º Esq.
1069-157 Lisboa
Portugal

www.businesspublishersroundtable.com

Edição: Actual Editora – Julho 2011
Todos os direitos para a publicação desta obra em Portugal reservados por Conjuntura Actual Editora, S.A.

Design da capa: FBA
Paginação: MJA
Impressão: Papelmunde

Depósito legal: 330432/11

Biblioteca Nacional de Portugal – Catalogação na Publicação

PORTUGAL E A EUROPA E CRISE

Portugal e a Europa e crise : para acabar com a economia de austeridade / org. José Reis, João Rodrigues

I - REIS, José
II – RODRIGUES, João

ISBN: 978-989-694-021-8

CDU 338

PORTUGAL E A EUROPA EM CRISE

Para acabar com a economia de austeridade

LE MONDE *diplomatique*
edição portuguesa

ÍNDICE

A CRISE COMO OPORTUNIDADE?

JOSÉ REIS e JOÃO RODRIGUES

> *Existe uma enorme inércia – a tirania do* status quo *(...) Só uma crise – real ou imaginada – produz a verdadeira mudança. Quando a crise ocorre, as decisões que são tomadas dependem das ideias que estão disponíveis. Estou convencido que esta é a nossa principal função: desenvolver alternativas às políticas existentes, mantê-las vivas e disponíveis até que o politicamente impossível se torne politicamente inevitável.* (1)

Talvez Milton Friedman tenha caído na armadilha de muitos intelectuais públicos, sobrestimando o papel das ideias económicas nas respostas políticas às crises, reais ou imaginadas, por oposição à força dos interesses, onde se inclui, por exemplo, a força militar de Pinochet no Chile, um dos primeiros laboratórios para as ideias da sua escola de Chicago. No entanto, os economistas têm de agir como se as palavras de Friedman fossem verdadeiras e apresentar diagnósticos, independentemente da sua maior ou menor plausibilidade política imediata, concentrando-se na sua validade, na sua capacidade para identificar os mecanismos e processos reais, na construção de argumentos que sobrevivam a um escrutínio plural e assim ofereçam a esperança de que as coisas podem melhorar para a maioria dos cidadãos, de que é possível forjar alternativas que, como defendia Keynes, conciliem pleno emprego, justiça social e amplas liberdades.

---

(1) Milton Friedman, *Capitalism and Freedom*, The University of Chicago Press, Chicago, [1962] 2002, p. xiv.

A intervenção externa da chamada troika confronta hoje o país com um quadro prolongado de recessão, com o aumento do desemprego e das desigualdades, acentuando-se a erosão de direitos sociais e laborais e instituindo-se uma liberticida economia do medo. A intervenção externa confronta também os economistas com as suas responsabilidades na criação de uma economia cada vez menos civilizada, cada vez mais desligada das pessoas, da vida comum e de um sentido de progresso colectivo. Em geral, a profissão não se tem saído nada bem. No espaço público multiplicaram-se os apoios mais ou menos explícitos de economistas ao que designam por "ajuda externa". Só por manipulação ideológica ou por ignorância do que se tem passado, por exemplo na Irlanda e na Grécia, se pode usar tal expressão para caracterizar um violento plano de austeridade como contrapartida de empréstimos europeus e do Fundo Monetário Internacional a taxas de juro elevadas e que exaurem a economia para salvar os credores financeiros nacionais e internacionais. A ansiedade revelada perante as dificuldades reais da nossa economia transforma-se, para esses economistas, num profundo dogmatismo, guiado pela sujeição da sociedade, dos indivíduos e dos grupos sociais mais desfavorecidos a um programa económico ortodoxo, centrado num entendimento limitado e opressivo do que é a economia. Esta posição maioritária dos economistas é consistente com o seu apoio à austeridade recessiva dos sucessivos Programas de Estabilidade e Crescimento apresentados desde 2010, com os silêncios ensurdecedores face à crise financeira iniciada em 2007 ou com a adesão acrítica à subversão da integração europeia desde Maastricht, talvez a melhor expressão institucional da vitória política dessa engenharia social dedicada ao reforço do poder financeiro a que se deu o nome de liberalismo económico e que está na génese da tripla crise europeia: crise económica, crise da dívida soberana e crise bancária. Uma tripla crise que ocorre numa paisagem europeia marcada pelo aprofundamento das fracturas socioeconómicas e políticas entre o centro e as periferias, que a especulação sem freios só acentua, expondo as fragilidades de uma Zona Euro sem governo económico digno desse nome.

No entanto, os consensos fabricados sobre a crise e a austeridade, em Portugal e na Europa, têm sido desafiados por uma minoria activa de economistas e por outros intelectuais públicos. O *Le Monde diplomatique – edição portuguesa* tem dado espaço a esses desafios. O livro que o leitor tem nas mãos é o resultado desse processo colectivo de produção de conhecimento crítico e de descoberta de alternativas a um *statu quo* inviável. Reunindo artigos escritos ao longo dos últimos quatro anos sobre as trajectórias passadas e futuras da economia portuguesa e europeia no quadro do liberalismo europeu e das suas crises, este trabalho procura reflectir a pluralidade de pensamento económico nas esquerdas durante este período turbulento. Sem querermos decretar convergências precipitadas ou anular a diversidade de registos, julgamos que alguns pontos comuns podem ser identificados e que essa identificação permite algum optimismo intelectual e quiçá político.

Em primeiro lugar, os artigos deste livro tomam partido na divisão que marca o condicionado debate económico nacional. De facto, temos, por um lado, os que fingem que os problemas do nosso país podem ser pensados sem considerar as consequências da perda de instrumentos de política económica à escala nacional, que resultou de uma integração económica e financeira que não os compensou com novos instrumentos à escala europeia. Sabem que esta estratégia intelectual favorece o seu programa de orientar as políticas públicas para a redução directa e indirecta dos custos laborais. Este programa é servido por um discurso moralista equivocado sobre as finanças públicas. De facto, o Estado não é uma família e o estado das finanças públicas quase só depende do andamento da economia. Por outro lado, temos os que, como os autores deste livro, reconhecem que a generalidade dos problemas económicos nacionais – da integração económica dependente, traduzida em perdas de competitividade, à formação de grupos económicos que operam essencialmente nos sectores de bens não-transaccionáveis e que pretendem capturar serviços públicos, passando pela instituição de uma economia desigual e de baixa pressão salarial – não podem ser pensados fora de uma Zona Euro que juntou, em pé de igualdade, economias com níveis de desenvolvimento muito distintos e que deu demasiado espaço a forças de mercado em detrimento da criação de mecanismos de solidariedade.

Em segundo lugar, os economistas que participam neste livro tendem a convergir na constatação de que o liberalismo económico tende a destruir os mercados porque não consegue vislumbrar os seus limites, nem pensar em políticas e instituições que contrariem a miopia dos interesses da especulação financeira. As elites europeias, obcecadas com a construção do mercado interno, esqueceram-se a certa altura desta lição da história. A Zona Euro pode então insistir no caminho da austeridade e assistir ao seu esfarelamento. Pode, em alternativa, seguir as pistas que aqui são apresentadas e corrigir as assimetrias institucionais que estão na génese da sua crise: um orçamento europeu diminuto, a ausência de controlos públicos robustos sobre a especulação financeira e sobre o sistema bancário, a inexistência de dívida pública europeia, um Banco Central independente do poder político e com um mandato demasiado estreito ou a falta que faz uma estratégia coordenada de promoção do investimento, usando, por exemplo, o Banco Europeu de Investimento.

Em terceiro e último lugar, os economistas que aqui escrevem podem convergir na ideia de que Portugal tem de abandonar a atitude de "bom aluno" e, em aliança com as restantes periferias em dificuldades, pressionar o centro europeu a adoptar soluções decentes para a crise europeia. Trata-se de perceber que a crise não pode ser uma oportunidade para consolidar soluções ideológicas falhadas, para consolidar utopias liberais. Este livro pretende assim ser um modesto contributo para tornar a discussão menos provinciana, para substituir o moralismo económico por uma abordagem moral e política aos problemas económicos. Uma abordagem que começa por questionar os mecanismos económicos que produzem tão gritantes desigualdades de oportunidades. E a seguir propõe mudanças nas instituições para remover as injustiças que causam sofrimento social evitável, como é o caso do desemprego. Aqui a crise não é uma oportunidade, é um imenso desperdício a superar.

O TEMPO DOS REGRESSOS AO FUTURO: POR UM DESENVOLVIMENTO INCLUSIVO

José Reis

Os «factos característicos» de uma trajectória de crescimento longa

Os «factos característicos» que melhor definem as trajectórias de crescimento da economia portuguesa do último meio século são conhecidos. Mas não creio que seja desproporcionado evocá-los para responder à pergunta, muito contemporânea, sobre a existência ou não de uma política económica de esquerda para fazer face à crise actual.

Do meu ponto de vista, há três daqueles factos que é bom trazer para esta discussão. O primeiro está directamente associado à fase em que a nossa economia cresceu mais intensamente. Como se sabe, foi nos anos sessenta que isso aconteceu, num período a que alguns chamam despudoradamente «anos dourados», esquecendo a ditadura, a falta de democracia política e também a falta de democracia económica. Esse foi o momento de uma *industrialização* intensa, criando uma infra-estrutura de capacidades industriais assinaláveis, nos domínios das indústrias básicas e pesadas (siderurgia, química, cimentos, construção naval). Esse crescimento intenso do produto interno – uma fase de rápida, embora localizada, modernização de alguns sectores da economia – foi sobretudo o resultado directo de um investimento intensivo em capital, gerando desta forma uma alteração drástica na «função de produção», mas não originando uma modernização do conjunto da sociedade. Não assistimos a um alargamento dos mercados de trabalho, nem da qualificação das pessoas, nem do seu bem-estar.

Pelo contrário, a consequência desta industrialização e do reordenamento da nossa economia foi uma escassíssima relação entre investimento, por um lado, e emprego, por outro. Ou, se quisermos, a relação entre economia e sociedade ficou, então, mais bloqueada do que nunca. Basta relembrar que no período em que o produto cresceu mais de 7 por cento ao ano o emprego cresceu pouquíssimo. Por isso, nesses idos de sessenta em que as bases produtivas da economia se transformavam tão significativamente, o segundo «facto característico» foi a *emigração* – isto é, a prova dramática de que estávamos perante um crescimento que não gerava emprego. Ou, dito de outra maneira, um crescimento que desconsiderava o trabalho, o «desutilizava» e, portanto, o rejeitava, enviando maciçamente mão-de-obra para as economias em que crescimento, industrialização e expansão do mercado de trabalho iam a par.

Quer isto dizer – terceiro «facto característico» – que a *internacionalização* da economia se fez primeiro e mais intensamente pela exportação de mão-de-obra do que pela exportação de produtos ou serviços. E, portanto, a internacionalização das nossas capacidades produtivas que gerassem emprego e bem-estar interno, vislumbrada nos anos sessenta, foi então, como ainda é hoje, escassa e retardada. Basta lembrar que só a adesão à Comunidade Económica Europeia (CEE) nos colocou provisoriamente num patamar em que as exportações passaram a ser mais do que 25 por cento do produto interno bruto (PIB), patamar de que rapidamente regrediríamos para apenas pontualmente «descolarmos» dos 20 por cento.

Se este diagnóstico retrospectivo fizer sentido, então há três conjuntos de palavras-chave que dele resultam: capacidade produtiva, trabalho e valor internacional. São três conjuntos que não estabeleceram entre si relações virtuosas. Pelo contrário, eles funcionaram desligados. E os três podem, porventura, ser usados para falarmos de crise, da crise actual e, antes disso, para observarmos os tempos mais recentes.

Os tempos recentes: o caminho para uma crise

Quem observar os ciclos de crescimento da economia portuguesa desde o 25 de Abril até hoje constata o seguinte: durante estes mais de trinta anos desenharam-se três ciclos muito claros, quer dizer três períodos em que a economia acelerou o seu crescimento depois de uma recessão e o voltou a desacelerar, cavando uma nova depressão. Esses ciclos são o da *democracia* (entre 1976 e 1984), o da *adesão à CEE* (ou, se se quiser, do cavaquismo: entre 1985 e 1993) e o da preparação e *entrada na UEM*, União Económica e Monetária (ou da adesão ao Euro ou, se se quiser, o do guterrismo: entre 1994 e 2003). Contrariamente ao que, por vezes, parece pensar-se, estes três ciclos são relativamente semelhantes na *duração* (nove anos, medidos entre dois momentos de crescimento negativo), na *forma* (que compreende a fase ascendente, isto é, os anos sucessivos em que as taxas anuais de crescimento do PIB vão aumentando, e a descendente, em que estas enfraquecem, chegando a um ano de valor negativo), na *intensidade* (taxas médias de crescimento anual da ordem dos 4 por cento, com excepção do último que foi de menos de 3 por cento). Não foi, portanto, apenas o cavaquismo que nos fez atravessar uma fase de crescimento. A democracia inicial e o pós-cavaquismo fizeram o mesmo. Mas há dois dados inquestionáveis: a intensidade do crescimento diminui consideravelmente no último ciclo e, principalmente, a capacidade de retoma para lançar um novo ciclo foi fraquíssima, como o comprova o facto de o crescimento próximo de zero não se limitar a um único ano, prolongando-se desde 2003. A razão para esta alteração do comportamento cíclico regular da nossa economia – é nisso que consiste o aspecto mais visível da crise actual – tem de ser encontrada no uso que se tem feito do chamado factor-trabalho. Prevaleceu o uso em quantidade, aprofundando o que os economistas chamam um modelo extensivo. Não prevaleceu a organização empresarial capaz, a busca de qualificações, a procura da criação de valor, a diferenciação.

Reforma ou «desconstrução» social: quanto vale a sociedade para capacitar a economia?

Seja qual for a perspectiva temporal em que nos colocarmos, é possível ver para onde vai a economia e por onde ela vai. Estamos a ver que foi para o lado errado: o do desemprego, o da escassa criação de valor internacional, o de formas de produção que não se convertem em escola de qualificações (salvo, é claro, os poucos exemplos pontuais conhecidos). Não que a economia seja um sujeito de identidade própria e perfil autodefinido. Bem se sabe que essa resposta «é a economia, estúpido» não é a mais inteligente de todas... Acontece, isso sim, que a economia caminha por trajectos ladeados por decisões, políticas, vontades e poderes que – estes, sim – a encaminham e, por vezes, empurram. Quer isto dizer que há lugar para a política económica e que esta é um campo de opções essenciais, e não apenas algo que dá moldura à «economia», entendida como sujeito dotado de identidade. Por isso, no mais duro dos factos característicos que evoquei, assim como no mais incontornável dos resultados a que chegámos há, evidentemente, a presença poderosa de processos políticos e sociais intensos.

Do mesmo modo, o auge da crise económica que se declarou abertamente em 2003 suscitou a presença clara de um programa político com intuitos claros de reforma. Isso é evidente. Assumida a relação entre crise económica e promoção de reformas políticas, importa perguntar se estamos, de facto, perante reformas ou perante um processo de desconstrução social. Esta é uma linha de tensão crucial relativamente à qual se conhecem as convicções dos que não hesitam na resposta.

Parece-me claro que os tempos que correm são indistintos, sendo muito difícil perceber onde assentam as forças da economia e a vitalidade de processos sociais dinâmicos e integradores. Parece-me também claro que não estamos – longe disso! – perante uma perspectiva de desenvolvimento inclusivo. Pelo contrário, os processos de desconstrução social e política – a que frequentemente se chama reformas – são fortíssimos. Mas, ao contrário das reformas, são muito visíveis as formas de *desfazer*, não sendo nada evidentes as formas de *fazer*. Quer dizer, a fase essencial das reformas são o que elas contêm de elaboração, construção e difusão de um modelo social alternativo, assente em pilares positivos e inclusivos. Ora, é este aspecto que parece altamente deficitário na actual política económica.

O regresso ao trabalho: pessoas, organização e capacidades como resposta à crise

Acho que há, de facto, uma política económica de esquerda – a do desenvolvimento inclusivo – e que é possível definir-lhe os pilares.

O primeiro desses pilares há-de ser o *trabalho*: aquele factor que foi desperdiçado, desconsiderado e exportado na fase de crescimento intensivo dos anos sessenta e aquele que foi apenas usado em quantidade e de forma extensiva nos ciclos económicos do pós-25 de Abril (primeiro para que, enfim, a economia criasse emprego e gerasse democracia económica; depois para que se aproveitassem disponibilidades de mão-de-obra e salários baixos para chegar a formas fáceis de atingir crescimento).

O mundo do trabalho está abalado pela incerteza, por relações de poder muito assimétricas e pela noção de que é o elo fraco, descartável, da cadeia. A reconstituição do valor do trabalho na economia – valor material mas também valor no quadro de relações sociais dinâmicas e não agressivas – é, porventura, o pilar essencial de uma política económica de esquerda. Tendo sido perdida a noção de que o trabalho é parte das organizações, e não apenas um factor usado por elas de forma discricionária, urge regressar a esta relação, nos termos exigidos pela nova economia do conhecimento.

O primado da concorrência é outro dos grandes fachos da política económica contemporânea. O fascínio liberal apresenta-o sempre como se tudo se reduzisse ao dilema concorrência ou proteccionismo. Este dilema é falso. Ao lado dos princípios elementares da concorrência pode haver lógicas que dêem lugar à organização da economia, para lá dos mercados. Chamo a isso *organização*: organização empresarial, valores políticos e económicos que, em vez de apenas pensarem no «valor accionista» e na governação exclusivamente mercantil da produção, pensem também na cultura da empresa, na lealdade para com o trabalho, na valorização das capacidades, na redução da incerteza laboral. Em suma, numa relação salarial entendida como relação organizacional e não apenas como relação mercantil simples. Mas outras formas de organização são essenciais, como a organização territorial – os territórios são lugares definidores das empresas e das relações sociais que importa valorizar. Contudo, este campo da coesão e valorização territorial está ferido por relações muito desestruturadoras, pelo espalhar do casuísmo em vez do desenvolvimento, e pela insensata e brutal decisão sobre a localização do novo aeroporto, que vai virar o país do avesso, concentrando investimento num escasso território e promovendo a desintegração regional.

O terceiro pilar de uma política de esquerda há-de ser o da valorização das *capacidades* e da criação de competências. Das pessoas em primeiro lugar, é claro. Através da escola e da formação, sem dúvida. Mas também através da promoção de contextos que criam capacidades, para lá de todas as competências individuais. É a altura de regressar igualmente ao *Estado* e à Administração. A direita e os liberais (mesmo os de esquerda, que também os haverá) têm dominado o palco e levam clara vantagem na propagação da ideia de que o Estado é «monstruoso» (lembram-se?) e intrinsecamente perverso (porque os seus funcionários são perversos, querem apenas maximizar os seus interesses individuais e, por isso, minam o interesse colectivo). Ora, o Estado e a Administração pública são uma das mais poderosas fontes de organização, capacitação e liderança. Sabem-no, melhor que ninguém, o capital e os grandes interesses que usam selectivamente o Estado e a Administração como mais ninguém (e não se trata apenas de quando os usam ilegitimamente a seu favor). É a este uso selectivo do Estado pela direita e pelos interesses que há que contrapor um outro uso selectivo. Aquele que faça da Administração uma fonte de criação de competências, de organização, de emulação pelas causas públicas e por uma visão inclusiva do país. A ideia (perversa) de que toda a despesa pública é má despesa tem ficado sem resposta, porque a esquerda e a lógica política corrente parecem manietadas por uma dura inibição. Parece-me necessário falar sem inibições da boa despesa pública, do necessário papel do Estado perante a «sociedade privada», bem mais ineficiente e tacanha que o próprio Estado nas suas piores facetas.

PERSPECTIVAS PARA A ECONOMIA PORTUGUESA

Carlos Carvalhas

Estamos no bom caminho! Este tem sido o *slogan* utilizado por vários governos, tanto do Partido Social Democrata (PSD) como do Partido Socialista (PS), que nas questões mais estruturantes da política económica não se distinguem.

Mas o «bom caminho» colocou-nos na cauda da Europa com uma elevadíssima dívida externa, uma das maiores taxas de desemprego da União Europeia e com a maior disparidade entre os 20 por cento mais ricos e os 20 por cento mais pobres.

No essencial, temos tido políticas que têm conduzido à concentração de riqueza e à financeirização da economia, com a liquidação da actividade produtiva nacional em geral e a crescente dominação do capital estrangeiro.

Neste últimos anos, após a adesão ao euro e com a exigência do Pacto de Estabilidade, tem-se centrado o debate sobre a redução do défice das contas públicas como questão essencial. Este objectivo tem dominado a política económica. Para uns, o combate tem de ser feito pelo lado da despesa, para outros pelo lado da despesa e pelo lado da receita.

Pela nossa parte, continuamos a pensar que o combate ao défice deve ser feito sobretudo pelo crescimento económico, que deve ser também o objectivo central da economia portuguesa.

A política neoliberal

A colocação do défice como questão essencial e de curto prazo tem servido para justificar a privatização de importantes empresas e serviços públicos e a desresponsabilização do Estado de significativas áreas sociais. E tem sido um factor de travagem do crescimento económico pelos cortes no investimento público, pelo aumento de impostos e pela diminuição dos salários reais de milhares de trabalhadores. Na verdade, o governo PS vangloria-se de ter reduzido o défice, mas essa redução tem tido como consequência seis anos de divergência em relação à média da União Europeia, o agravamento da desertificação do interior pelo encerramento de serviços públicos e o aumento do desemprego.

Se o objectivo central fosse o crescimento económico, o objectivo do défice, também a ter em conta, deveria ser encarado a mais longo prazo e de uma forma muito menos rígida.

Com a política seguida, estamos hoje mais fragilizados e mais dependentes, com uma crescente substituição da produção nacional pela estrangeira e com uma maior subcontratação da nossa economia.

Este quadro tem-se agravado desde a adesão ao euro e com a política monetária e cambial ditada pelo Banco Central Europeu (BCE), que designadamente nos últimos anos nos tem criado sérios problemas de competitividade. Na verdade, a apreciação do euro é um factor muito negativo para as nossas exportações, que no geral são muito dependentes do factor preço. Por outro lado, a adesão ao euro deixou de dar visibilidade ao elevadíssimo défice externo (défice da Balança Corrente e de Capital) e à dívida externa, comportando-se como aquelas doenças silenciosas que vão minando todo o corpo ([1])! Acresce que este endividamento, no essencial, não foi para financiar o desenvolvimento, o que o torna ainda mais grave.

A abertura do nosso mercado, a livre circulação de capitais e a privatização de empresas básicas e estratégicas criaram um quadro de crescente dominação do capital estrangeiro sobre a economia portuguesa. Este crescente domínio do capital estran-

---

([1]) O défice da Balança Corrente e de Capital foi em média de 8,2 por cento do PIB, nos últimos três anos.

geiro tem consequências. O capital estrangeiro já detém, em média, um terço das sociedades portuguesas.

Esta situação reflectiu-se na Balança de Transacções, que foi acumulando défices muito elevados. Estamos hoje com uma dívida externa colossal, que cresceu rapidamente e que se vai auto-alimentando. Para se ter uma ideia da gravidade da sua evolução, atente-se que a dívida externa líquida passou de 64,9 por cento do produto interno bruto (PIB), em 2004, para cerca de 80 por cento em 2007.

E como não é possível que o país venha a registar poupança suficiente para a pagar, a sua liquidação vai acabar na venda de activos, ou seja, na entrega de empresas nacionais, perdendo-se ainda mais o controlo de alavancas fundamentais da nossa economia ([2]).

O pagamento da dívida externa e a saída de lucros têm um peso crescente na nossa Balança Externa. Em termos líquidos, as saídas de rendimentos para o exterior já são superiores a 4 por cento do PIB. E como já foi observado, começa a ser significativa a diferença entre o PIB e PNB, pois uma parte crescente da riqueza criada no país pertence ao estrangeiro (PIB), sendo cada vez menor a criada no país e lá fora que é distribuível pelos portugueses (PNB).

A financeirização da economia portuguesa

Os principais grupos económicos portugueses têm a sua actuação essencial nas actividades dos chamados bens não transaccionáveis – a mais lucrativa. Mas isto coloca um outro problema à economia portuguesa que, nomeadamente, com os seus elevados défices, bem precisava de aumentar a produção de bens transaccionáveis. Mesmo as melhorias no perfil

([2]) O endividamento das famílias passou de 78 por cento do PIB em 2005 para 88 por cento em 2007; o das empresas passou de 98 por cento do PIB para 105 por cento do PIB.

das nossas exportações devem-se sobretudo ao capital estrangeiro, o que acentua a incerteza e vulnerabilidade.

A tendência mais forte na evolução da economia portuguesa foi a sua financeirização.

O sistema bancário e de distribuição são hoje, no nosso país, as grandes desnatadeiras da mais-valia produzida, apresentando ano após ano – mesmo com a crise actual – lucros fabulosos, enquanto a grande maioria das pequenas e médias empresas vive com sérias dificuldades.

E, por isso, o paradoxo: os grandes grupos económicos apresentam lucros fantásticos e o país continua na sua letargia, isto é, a fingir que cresce, como afirmou recentemente o Bastonário da Ordem dos Economistas, um destacado socialista.

Que saídas?

Os diagnósticos sobre a grave situação económica, financeira e social do país são conhecidos. As teclas mais batidas são as da produtividade, da competitividade, da qualificação da mão-de-obra e a difusão da ideia de que os grandes problemas podem ser resolvidos pela ciência e tecnologia, sem pôr em causa objectivos, lógicas e acumulação e reprodução do capital e a reprodução das classes dominantes: situam-se nesta área o proselitismo à volta da dimensão ética, das políticas, da «regulação ética do mercado» e até do «lucro ético».

O país necessita de uma ruptura com as políticas seguidas. Mesmo no quadro de forças em que se situa a nossa economia, é necessária e possível uma nova política, centrada no crescimento económico e na melhoria do nível e qualidade de vida da população, que dê primazia às actividades produtivas e não às especulativas, que promova e defenda a produção nacional, que apoie e diversifique as nossas exportações, mas também que alargue progressivamente o nosso mercado interno pela melhoria do poder aquisitivo dos portugueses, pondo o país a caminhar nas duas pernas, exportações e mercado interno.

O país também não pode ficar refém das vicissitudes, lógicas e gulas do investimento privado. O investimento público necessita de ser relançado, designadamente o que servirá de catalisador ao investimento produtivo e às actividades de bens transaccionáveis.

E precisamos de um sistema de ensino, um sistema científico e técnico e uma política cultural virados para a formação integral dos portugueses e que tenha o apoio e a motivação dos seus diversos agentes.

Mas uma nova política para o povo e o país passa também por uma nova orientação na União Europeia.

O país não pode deixar de reivindicar da parte do BCE uma política monetária e cambial mais conforme com as suas necessidades de competitividade e de desenvolvimento.

No mesmo sentido, e tendo em conta o grau de abertura da nossa economia, é de exigir um aumento substancial do papel redistributivo do Orçamento Comunitário.

Os Fundos Comunitários, embora vultuosos, são uma muito pequena compensação para os efeitos que decorrem do livre jogo das forças do mercado com a integração do nosso país na União Europeia.

Toda a história das Uniões Económicas e Monetárias mostra-nos que estas tendem a agudizar o fosso entre as regiões mais ricas e as regiões mais pobres. A compensação tem sido feita pela função redistributiva dos Orçamentos de Estado. Na União Europeia, o «Orçamento Comunitário» exerce esta função de forma muito insuficiente dada a sua pequenez.

Em relação ao nosso país, e para termos uma ideia, Portugal está a receber 10 milhões de euros por dia, mas só em lucros do investimento estrangeiro saem em média 7 milhões de euros por dia.

Num quadro mais geral, necessitamos de uma firme afirmação da soberania nacional, questão decisiva, de uma política alternativa no contexto da «globalização» capitalista e integração comunitária e da efectiva subordinação do poder económico ao poder político democrático.

O país não está condenado às políticas do Bloco Central de interesses, não está condenado ao atraso e às crescentes dificuldades sociais. Mas alguns traços, que aqui apresentamos, para uma política alternativa, exigem também a construção de uma alternativa política.

IBÉRIA DE COSTAS VOLTADAS – OS MODELOS DE DESENVOLVIMENTO DE PORTUGAL E ESPANHA

FRANCISCO LOUÇÃ

Não se assuste a leitora ou o leitor: não há nada de iberista nas linhas que se seguem. Nenhuma jangada de pedra desliza pelo Atlântico nem é sugerido que alguma alternativa dependa de desfazer o que a história fez. Simplesmente, este artigo argumenta que a comparação entre as sociedades da Península Ibérica é um bom exercício para o debate sobre os modelos de desenvolvimento de economias que, no virar do século, eram ambas semi-industrializadas e semidependentes, em contextos pós-ditatoriais e em regimes de transição.

A Espanha é hoje a oitava maior economia do mundo e Portugal, em contrapartida, mantém-se como um dos países menos desenvolvidos da União Europeia. Este texto discute se tal situação era inevitável e, sobretudo, com que critérios é que um debate preocupado com o desenvolvimento e a justiça social deve avaliar as trajectórias económicas e a modernização das sociedades. E, sem surpresa, chega-se à conclusão de que, malgrado o crescimento, ambas as sociedades partilham alguns défices sociais importantes.

Onde falham as comparações

A Espanha tem uma população de 43,76 milhões enquanto Portugal se fica pelos 10,57 milhões (dados de 2006). Mas Portugal tem mais densidade demográfica (115 habitantes por quilómetro quadrado, em média, enquanto a Espanha tem 86, muito menos do que a média europeia, 131 pessoas por quilómetro quadrado) e tem ainda mais assimetrias na distribuição no território. Portugal tem também uma população mais envelhecida (mais do que Espanha e mais do que a União Europeia a 27).

A diferença é grande, mas não é o que faz a distinção essencial entre os dois países. Portugal constituiu-se como Estado independente, o único que escapou à tutela de Castela, e, comparado com outras nacionalidades da Península Ibérica, é uma das maiores. A diferença óbvia com outras dessas nacionalidades é que Portugal seguiu o seu caminho independente, sobretudo desde 1640, enquanto outras nacionalidades mais poderosas e mais ricas eram submetidas à lógica de centralização e unificação que deu corpo a Espanha.

Mas, neste momento do trajecto, Portugal é mais pobre. O produto interno bruto (PIB) *per capita* em 2006 era em Espanha de 22,2 mil euros, mas em Portugal era um terço a menos, andando pelos 14,7 mil euros (a média da União Europeia a 27 era de 23,4 mil euros). Os números não mentem – embora as médias enganem – e dizem que a Espanha está próxima da média de referência, a União Europeia, sendo mais desenvolvida do que boa parte dos países integrantes. Portugal está a cerca de 60 por cento daquele valor de referência.

A razão da diferença entre os níveis de rendimento é toda a história da nossa modernidade. E é uma grande diferença. A produtividade aparente da indústria transformadora (o valor do valor de produção por trabalhador) confirma mais uma vez que a Espanha está próxima da média europeia (em Espanha é de 45,6 mil euros por trabalhador e na União Europeia a 27 é de 45,7) mas muito acima de Portugal, onde a produtividade é metade (21,9 mil euros por trabalhador).

Estes dados apontam para uma das causas fundamentais das diferenças. A estrutura empresarial ou, numa expressão mais simples, cada burguesia tem conduzido num caso e noutro uma evolução económica muito diferente. Enquanto em Espanha a sua burguesia criou fontes de acumulação assentes em empresas fortes, com uma intensa acumulação de capital e suficientemente competitivas para ganharem partes de mercado internacional, em Portugal a história predominante é a contrária.

Por isso mesmo, não existem grandes multinacionais portuguesas e onde existe internacionalização é no sector financeiro e nas suas aplicações em energia e comunicações (GALP, EDP, PT), na distribuição (Sonae, Jerónimo Martins) e no uso de recursos (o grupo Amorim, que domina 70 por cento da produção mundial de cortiça). O efeito geral desta sobre-especialização, ignorando a construção de capacidade competitiva em outros produtos com razoável incorporação tecnológica, determina uma vulnerabilidade particular do comércio externo português: Portugal é mais dependente de importações e exportações da União Europeia a 27 do que a Espanha (a diferença na balança comercial é muito nítida: em percentagem das exportações e importações, Portugal depende respectivamente mais 7 por cento e 15 por cento da União Europeia a 27 do que a Espanha, que tem um comércio externo mais diversificado).

Como seria de esperar, o atraso português determina maiores assimetrias: Portugal tem mais atraso e também algumas bolsas de modernidade. Assim, em alguns indicadores o resultado paradoxal é mesmo que a Espanha fica atrás: no gasto em tecnologias de informação e em telecomunicações, Portugal ultrapassa a Espanha (respectivamente 2,2 por cento do PIB e 5,2 por cento, enquanto que a Espanha fica pelos 1,7 por cento e 3,8 por cento em 2005). Portugal tem mais pobreza mas mais telemóveis.

As comparações falham portanto na história das classes sociais em cada um dos países.

O que pode ser comparado e as fragilidades do desenvolvimento ibérico

Os resultados do reajustamento orçamental, forçado pelo Pacto de Estabilidade no contexto da introdução do euro, foram por tudo isto muito diferentes. A Espanha obteve muito cedo um equilíbrio das contas públicas, e nos últimos anos tem gerado mesmo um *superavit* de cerca de 1 por cento, prevendo elevá-lo para 1,5 por cento entre 2008 e 2010.

Em Portugal, pelo contrário, o défice público manteve-se elevado, um preço da falta de eficácia do Estado, do despesismo descontrolado, da ineficiência fiscal, mas também um efeito do atraso das políticas públicas, traduzindo mesmo um impacto da crise, com o aumento do desemprego e das prestações sociais. Em qualquer caso, em ambas as situações o reajustamento orçamental traduziu-se no agravamento do défice de políticas públicas.

De facto, a partir daqui as realidades dos dois países já passam a ser comparáveis, e os resultados são críticos para as políticas prosseguidas nos dois casos, curiosa e sintomaticamente tanto por governos conservadores (PSD-CDS em Portugal e PP em Espanha) quanto por governos social-democratas de políticas liberais (PSOE e PS), mais ou menos sintonizados nos últimos tempos. É mesmo difícil compreender a boa fama que Zapatero tem em Portugal, como um político de sucesso nas reformas com preocupação social, porque os resultados são notoriamente contraditórios com esta etiqueta.

Em Portugal como em Espanha, com défice ou com *superavit,* as políticas sociais são a demonstração de uma agressividade liberal que mal se disfarçou.

Em primeiro lugar, porque as políticas redistributivas a montante foram ineficientes. Em ambos os casos, a economia subterrânea andará à volta dos 23 por cento do PIB, com perdas de cerca de dez milhões de euros de receitas fiscais em Portugal e de muito mais em Espanha. Neste caso, cerca de 57 mil empresas, que facturam entre 1,8 e 6 milhões de euros, não obedecem às normas do plano de luta contra a fraude, calculando-se que esta desatenção gere uma perda de pelo menos 8500 milhões em impostos. Em Portugal, em contrapartida, cerca de 300 mil empresas declaram prejuízos e outras 200 mil ficam-se por um modesto pagamento de cerca de 2000 euros por ano.

No entanto, Zapatero decidiu uma reforma do sistema fiscal, com a redução de alguns impostos e sobretudo com a redução da progressividade do IRS (imposto sobre o rendimento das pessoas singulares), passando para quatro escalões (para comparação com o português: os escalões são entre 24 por cento e 43 por cento). A reforma transferiu 7 mil milhões para os contribuintes mais ricos – os admiradores portugueses de Zapatero parecem ignorar candidamente esta benesse. Imagine-se o que significaria uma contra-reforma fiscal em Portugal que diminuísse a progressividade do IRS ou que reduzisse o IRC (imposto sobre o rendimento das pessoas colectivas).

Mas, em segundo lugar, a crise do sistema de protecção social é muito semelhante nos dois países. O reajustamento dos anos oitenta e noventa em Espanha fez-se pelo desemprego em massa e pela precarização do trabalho, como foi ocorrendo em Portugal logo de seguida e num período mais rápido. Assim, o desemprego chegou agora em Portugal a um máximo histórico (8 por cento no registo do Instituto Nacional de Estatística, INE, na realidade muito superior se considerado o desempregado desmotivado, ou outras formas de submissão como o emprego a tempo parcial involuntário), ou seja, cerca de meio milhão de pessoas, enquanto em Espanha atinge os 3,2 milhões, havendo ainda 5,296 milhões de contratos eventuais, a prazo.

Na comparação concreta, verifica-se aliás uma distorção de género na comparação entre países: a taxa de desemprego feminino é maior em Espanha (em 2006, 11,6 por cento para 9 por cento em Portugal), o que se explica pela maior actividade feminina no trabalho em Portugal, enquanto entre os homens é menor (6,3 por cento em Espanha para 6,5 por cento em Portugal).

Neste contexto, os governos – fosse aqueles que dispunham de *superavit* orçamental fosse os que estavam subordinados a um défice – mantiveram um nível de protecção social extraordinariamente baixo para o padrão europeu. Esta é talvez a melhor demonstração da vacuidade do argumento da disciplina orçamental: com dinheiro ou sem ele, os dois governos fizeram o mesmo.

Na página seguinte, o Quadro I conta a história dos níveis de protecção social nos dois países, comparados com a média da União Europeia a 27.

O Quadro revela, aliás, que em Portugal se registou um progresso mais importante no aumento da cobertura das políticas sociais e que a folga orçamental espanhola não foi usada na melhoria da distribuição social pelas políticas públicas. A distância em relação ao núcleo histórico da União Europeia aumentou no caso espanhol e só se reduziu ligeiramente no caso português. No essencial, houve crescimento sem redistribuição: nas políticas sociais, a Ibéria assumiu um desenvolvimento com mais injustiça, ficando de costas voltadas para as exigências dos seus movimentos populares e das lutas europeias pela modernidade.

Ambos os países sofrem portanto um enorme défice social, que define o seu modelo de desenvolvimento: um reajustamento das normas sociais de rentabilidade e de acumulação por via do desemprego e sobretudo da precarização, pressionando os salários, ao mesmo tempo que a readaptação tecnológica se vai concretizando. Mas este modelo tem uma consequência fundamental: é que mesmo com a recuperação de investimentos, não deixará de se manter ou de aumentar o nível de desemprego estrutural permanente.

Mas há ainda uma última distinção entre as situações dos dois países que vale a pena ressaltar: a imigração. A imigração tem sido muito intensa em Espanha e muito limitada em Portugal. Assim, em 2006, 11 por cento da população espanhola é imigrante de fora da União, enquanto que em Portugal essa percentagem é de 3 por cento (acrescente-se mais 1,52 por cento de imigrantes europeus em Espanha e somente 0,4 por cento em Portugal). Essa grande imigração em Espanha tem dois efeitos na economia. Em primeiro lugar, mantendo salários baixos, é uma das fontes da exploração que alimentam o crescimento espanhol durante a última década. Em segundo lugar, o afluxo de imigrantes melhorou o rácio de trabalhadores no activo, descontando para a Segurança Social, em relação ao total dos pensionistas. Esse rácio foi de 2,33 em 1988, baixou para um mínimo de 2,06 em 1996, mas subiu de novo para 2,58 em 2005, havendo assim mais trabalhadores a descontar para o sistema de pensões. A economia portuguesa não beneficiou de nenhuma destas vantagens da imigração. A Ibéria aprendeu pouco com as suas virtudes e muito com os seus defeitos.

	1995	1997	1999	2001	2003
Esforço de protecção social na UE (% PIB) Portugal	21,3	20,4	21,6	22,8	24,3
Espanha	22,1	21,2	20,3	19,4	19,7
UE15	26,2	27,9	27,4	27,5	26,3
Gasto em protecção social por habitante (preços constantes de 1995) Portugal	1695				2119
Espanha	2557				2794
UE15	4903				5615

QUADRO 1 – **Esforço das políticas sociais (dados Eurostat)**

PORTUGAL E O NEOLIBERALISMO COMO INTERVENCIONISMO DE MERCADO

JOÃO RODRIGUES E NUNO TELES

O neoliberalismo tem sido frequentemente apresentado como um projecto intelectual e político de alcance global que teria como ambição o regresso a uma «tradição inventada» de *laissez-faire*. O seu objectivo seria assim puramente reactivo e negativo. Tratar-se-ia de voltar a um suposto modelo puro de capitalismo, anterior à instituição de mecanismos de governação não-mercantis, que teriam reduzido, ao longo do século XX, o alcance das forças de mercado e bloqueado a sua actuação mais ou menos espontânea. O Estado e as suas múltiplas intervenções seriam sempre vistas como um obstáculo a remover. O neoliberalismo equivaleria assim à expansão do mercado à custa da retirada do Estado. Esta visão errónea do projecto neoliberal tem sido aceite por demasiada gente à esquerda e revela a hegemonia do romance do «mercado livre» como ordem natural e espontânea. Tal romance tem muito pouca correspondência com a prática política neoliberal e até com as formulações teóricas dos seus principais ideólogos. No fim de contas, o próprio F. A. Hayek, um dos nomes maiores do fundamentalismo de mercado no século XX, declarou que *«é o carácter e não o volume da actividade governamental que é importante»*, visto que *«uma economia de mercado funcional pressupõe certas actividades por parte do Estado»* ([1]). Felizmente, isto mesmo tem sido crescentemente reconhecido por vários estudos críticos recentes que retomam, entre outras, as «velhas» ideias de Karl

---

([1]) Friedrich A. Hayek, *The Constitution of Liberty*, Routledge, Londres, 1960, p. 194.

Polanyi ([2]). Referindo-se ao período em que teria vigorado o *laissez-faire* no século XIX, Polanyi defendeu convincentemente que *«o caminho para o mercado livre estava aberto e mantinha-se aberto através do incremento de um intervencionismo contínuo, controlado e organizado de forma centralizada»*. Isto porque *«tornar a "liberdade simples e natural" de Adam Smith compatível com as necessidades de uma sociedade humana era tarefa assaz complicada.* [...] *a introdução dos mercados livres, longe de abolir a necessidade de controlo, regulamentação e intervenção, incrementou enormemente o seu alcance»* ([3]).

Na esteira da formulação pioneira de Polanyi, o neoliberalismo é agora entendido como um feixe vencedor de ideias assente não tanto na redução do peso do Estado, mas antes na reconfiguração das suas funções. O seu objectivo é encontrar soluções, com um grau mínimo de aceitação social, que, em democracias de alcance tanto quanto possível limitado, permitam subordinar a actuação dos governos de todos os partidos à promoção política de processos deliberados de engenharia mercantil, ou seja, à promoção de processos políticos de construção de mercados em novas áreas da vida social. Isto implica um reforço da área de actuação e do poder de grupos económicos privados cada vez mais vergados às prioridades de rentabilização do investimento por parte dos seus crescentemente voláteis proprietários, que têm hoje, graças à expansão politicamente incentivada dos mercados financeiros à escala global, muito mais oportunidades de fazer sentir o seu peso através de estratégias de fuga. Aliás, não é por acaso que, na economia política marxista, o neoliberalismo aparece como a *«expressão ideológica da hegemonia da finança de mercado»* ([4]).

([2]) Ver, entre outros, Jamie Peck, «Remaking Laissez-faire», *Progress in Human Geography*, Janeiro de 2008, e Philip Mirowski, «Defining Neoliberalism», Março de 2008, disponível em www.dinamia.iscte.pt.

([3]) Karl Polanyi, *The Great Transformation*, Beacon Press, Boston, 1944, p. 146.

([4]) Gérard Duménil e Dominique Lévy, «Costs and Benefits of Neoliberalism: A Class Analysis», *Review of Radical Political Economics*, Verão de 2001, p. 578.

Do Estado produtor ao Estado regulador

Aposta-se então numa profunda alteração no modo de funcionamento do aparelho estatal. Trata-se, primeiro que tudo, de retirar ao Estado qualquer responsabilidade directa na gestão dos sectores estratégicos. Isto foi feito através de um vasto programa de privatizações que modificaram o papel do Estado, ganho no pós-guerra, na condução da economia. As empresas públicas são vistas como sendo «naturalmente» ineficientes. Os seus gestores não teriam os incentivos e o controlo adequados por parte de um poder político efémero e eleitoralmente oportunista. Em sua substituição, criou-se um conjunto de instituições, caso das instâncias de regulação de mercados específicos, independentes do poder político democrático, que têm por função assegurar, «sem perturbações», o funcionamento das instituições e das regras do jogo, sem as quais nenhum mercado realmente existente pode ver a sua reprodução e expansão asseguradas. Porém, as assimetrias de informação entre as novas empresas privadas e o regulador público e a difícil entrada nestes novos mercados, muitas vezes monopólios naturais, impedem o bom funcionamento destes arranjos pretensamente eficientes. De facto, a discussão teórica e empírica dos resultados destes processos é, no mínimo, controversa ([5]).

Em Portugal, este processo iniciou-se em 1989, com a revisão constitucional, que abriu caminho ao maciço programa de privatizações. A sequência escolhida para este programa – primeiro o sector financeiro, depois as telecomunicações, energia e rede viária – permitiu a reconstrução e fortalecimento dos grandes grupos económicos nacionais, na sua maioria enraizados na esfera financeira. Estes grupos expandiram-se num conjunto de sectores industriais rentistas, agora privatizados, onde a concorrência é difícil e os lucros garantidos. Prosperaram

---

([5]) Ver Malcolm Sawyer, «Privatization and regulation», *The UK Economy*, Oxford University Press, Oxford, 2005.

em sectores de bens não-transaccionáveis, protegidos da concorrência internacional, que a abertura comercial dos anos oitenta e noventa impôs. Hoje, o seu horizonte de acumulação ameaça, tal como num plano inclinado, os serviços públicos, como a educação ou a saúde, onde esperam obter taxas de lucro potencialmente elevadas. Veja-se, a título de exemplo, o Grupo Espírito Santo. Este grupo, apoiado no privatizado Banco Espírito Santo, detém participações em empresas como a Portugal Telecom ou a EDP e expande-se actualmente em sectores como a saúde (Espírito Santo Saúde).

Aqui chegados temos de considerar com mais precisão a conjuntura e a estrutura que actualmente dão força a estes processos no nosso país. A conjuntura é a de um governo obcecado com o equilíbrio orçamental a todo o custo. De facto, o Pacto de Estabilidade e Crescimento está desenhado à medida deste projecto neoliberal de reconfiguração do Estado e de enfraquecimento dos contrapoderes sindicais por via, respectivamente, do garrote sobre o investimento público e do desemprego duradouro. A estrutura é a de um capitalismo semi-periférico em crise, onde os grupos económicos, incentivados por uma política pública míope, há muito que se afastaram da produção de bens para exportação.

David Harvey fala de *«acumulação capitalista por expropriação»* para se referir ao processo através do qual o Estado promove a abertura de novas fronteiras para a acumulação privada de capital à custa dos activos que eram de todos e/ou com a contribuição do esforço fiscal de todos ([6]). A abertura destas áreas ao negócio privado só fortalece os incentivos para que os grandes grupos económicos reforcem a sua especialização no sector dos bens não-transaccionáveis, menos exposto à concorrência. As virtudes empreendedoras do sector privado não são para aqui chamadas. Trata-se apenas de ter poder e influência para negociar bons contratos, de difícil monitoriza-

---

([6]) Ver David Harvey, *The New Imperialism*, Oxford University Press, Oxford, 2003.

ção e com lucros politicamente garantidos, porque o Estado acaba sempre por ter de assumir os riscos do «negócio», dada a importância dos bens e equipamentos em causa para a vida da comunidade. Depois, é cortar ao máximo na manutenção e no serviço e tentar bloquear todo o escrutínio público. Além disso, e isto é particularmente evidente em Portugal, cria-se uma perigosa promiscuidade entre o sector público e o sector privado, bem ilustrada pela circulação de pessoal político do bloco central dos ministérios para cargos bem remunerados nestas empresas. Este processo corrói ainda mais as bases do processo democrático, gerando o caldo de cultura ideal – apatia, cinismo, desesperança – para novos avanços privatizadores, promovidos pelos grupos que entretanto ganharam músculo com os anteriores processos.

Mimetismo mercantil

Por outro lado, nas áreas em que, por diversas razões, não é (ainda) possível ou não é previsivelmente desejável privatizar os bens ou serviços públicos, trata-se de alterar o enquadramento legal e as correspondentes relações sociais de produção que estruturam os comportamentos das burocracias estatais. A chamada nova gestão pública encarna o que David Marquand apodou de *«política de mimetismo mercantil»*, ou seja, um esforço para reformar a administração pública de forma a que o seu funcionamento se assemelhe, tanto quanto possível, à imagem de um mercado e de um empreendedorismo totalmente idealizados ([7]). A empresa capitalista, ilha de comando, é metamorfoseada em repositório de todas as virtudes, da eficiência ao desvelo para com o «cliente», que substituiu o «utente».

([7]) David Marquand, *The Decline of the Public*, Polity Press, Cambridge, 2004.

Este processo é bastante claro no que toca à educação em Portugal. Duas importantes tendências cruzam-se aqui. A primeira diz respeito ao novo modelo de gestão escolar, onde se verifica uma centralização do poder na figura do director de escola, objecto de uma candidatura individual, de quatro anos, nomeado por um conselho geral, em detrimento do anterior modelo democrático, onde os diferentes agentes escolares detinham, de facto, um poder de pressão permanente sobre os órgãos gestores. A par desta centralização individual de poder, um processo de municipalização da educação está em curso. Se o objectivo é aparentemente positivo – descentralização e libertação da burocracia do Ministério da Educação –, a transferência crescente de responsabilidades para os municípios (transportes, algum pessoal não-docente e o pessoal docente das actividades extracurriculares como o inglês ou o ensino da música e educação física do primeiro ciclo) aponta para um perigoso caminho. A captação de alunos, bem como a contratação de pessoal docente e não-docente, serão agora enquadradas por uma lógica de concorrência. O cruzamento destas tendências resulta num modelo em que as escolas, financiadas por fundos públicos, serão geridas como se de empresas se tratassem. Um gestor todo-poderoso, que só ao conselho geral (a lembrar as assembleias gerais) terá, esporadicamente, de prestar contas, ficará, no quadro do município, com liberdade para contratar e despedir os seus funcionários e definir a trajectória pedagógica da escola. A lógica do comando empresarial substitui os actuais mecanismos democráticos.

A este mimetismo mercantil no sector público soma-se o crescente financiamento do ensino cooperativo ou privado. O Ministério da Educação, através de contratos de associação, financia na totalidade os estudantes que frequentam os estabelecimentos protocolados. O crescimento destas transferências é exponencial, de 30 milhões de euros em 2000 para 221 milhões em 2007, a que se somam as transferências para as Instituições Particulares de Solidariedade Social (IPSS), já financiadas pela Segurança Social, cujo montante passou de

13 milhões em 2000 para 118 milhões em 2007 ([8]). Num momento em que o número de estudantes do ensino básico está a diminuir, o Ministério opta, através da subcontratação, por financiar a expansão do sector privado e do terceiro sector (sectores com fronteiras cada vez mais ténues). Graças ao poder político, a competição pelos estudantes é hoje uma realidade. As escolas (públicas e privadas), na esperança de melhorar a sua reputação nesta ficção mercantil, adoptam os mais perversos mecanismos de segregação social. Assim se criam as condições para que a prazo se possam introduzir os famosos *vouchers* (cheque-ensino), ideia já apadrinhada pela direita em Portugal, tão querida de Milton Friedman, um dos ícones do pensamento neoliberal ([9]).

Um processo paralelo está a ocorrer no sector da saúde. A criação dos hospitais SA (Sociedades Anónimas), entretanto transformados em EPE (Empresas Públicas do Estado) pelo actual governo, não deixa dúvidas sobre a vontade do poder político de aplicar os princípios da gestão privada a este sector. Neste modelo, a participação do Estado passa pelo estabelecimento de contratos financeiros com as administrações hospitalares, cujo poder aumentou significativamente. O financiamento é público, mas os mecanismos de afectação de recursos são copiados da prática do sector privado, supostamente guiados pela optimização financeira. Porém, devido ao subfinanciamento crónico, verifica-se que estas descentralizadas unidades hospitalares incorrem em défices consecutivos que, graças ao seu novo estatuto jurídico, não são contabilizadas no défice orçamental do Estado. Os dois resultados previsíveis deste asfixiamento financeiro serão inevitavelmente a degradação da qualidade do Serviço Nacional de Saúde (SNS) e a sua substituição, a prazo, pela provisão privada *tout court*, através das parcerias público-privadas. Se, depois do desastre financeiro da

([8]) www.ggf.min-edu.pt.

([9]) Ver Milton Friedman, *Capitalism and Freedom*, University of Chicago Press, Chicago, 1962.

exploração privada do Hospital Amadora-Sintra pelo grupo Mello e da forte mobilização popular em defesa do SNS, estas parcerias parecem estar, de momento, arredadas da gestão hospitalar, os programas de financiamento para a construção de novos hospitais continuarão a ser regidos por este modelo.

Acresce a esta previsível fragilização do nosso sistema de saúde o ataque permanente no espaço público mediático à qualidade, universalidade e gratuitidade do SNS. Este ataque tem a marca dos grandes grupos económicos privados (Grupo Espírito Santo, Grupo Mello), que entretanto vêm ganhando peso na prestação de cuidados médicos (20 por cento dos hospitais portugueses são, no presente, privados). O resultado é a migração em massa das classes médias, pilares políticos do SNS, para o sector privado – o recurso a seguros de saúde e a construção de hospitais privados cresce 10 por cento ao ano ([10]) –, promovido pelos irresponsáveis incentivos fiscais instituídos pelo Estado. Deparamo-nos, pois, com duas alternativas aterradoras: privatização de boa parte do SNS e manutenção de um sistema público, crescentemente assistencialista, de pouca qualidade; ou, à imagem do que acontece nos Estados Unidos, com o programa dirigido à população idosa *(Medicare)*, um ineficiente sistema de provisão privada, financiado pelo Estado, condenado a médio prazo à bancarrota.

Um dos mecanismos fundamentais no processo de neoliberalização do Estado é, assim, a crescente separação entre o financiamento e a provisão, ou seja, os recursos que são de todos são canalizados para a provisão, crescentemente privada, dos bens e serviços que serão, por enquanto, usufruídos por quase todos, embora se alargue, porque afinal é de engenharia mercantil que estamos a falar, o princípio do utilizador-pagador e se procure ir corroendo a ideia de provisão pública universal.

([10]) *Diário Económico*, 24 de Janeiro de 2007.

A neoliberalização do Estado exige também uma luta ideológica sem quartel que, além de impulsionar as transformações institucionais acima descritas, seja capaz de operar uma transformação nos valores e práticas dos profissionais envolvidos, de forma a eliminar resistências individuais e colectivas. Este é um elemento central do processo: a desvalorização, no discurso político dominante, da ética do serviço público, que tem, na maioria das vezes, conotações antimercantis, e o ataque cerrado à autonomia, estatuto e prestígio dos profissionais e das práticas que sustentam essa ética. O funcionário público é por defeito um ser aldrabão e preguiçoso e só percebe a linguagem do controlo apertado e dos incentivos pecuniários selectivos que espartilham solidariedades e carreiras estáveis e previsíveis, muitas vezes bem calibradas para a natureza das funções que são desempenhadas ([11]). Trata-se, no fundo, de persuadir uma maioria a ver o profissional como um «privilegiado» que vive à custa do trabalho árduo do sector privado, numa notável reinvenção do conceito de exploração. Daqui à introdução de contratos individuais de trabalho, como já acontece na saúde, ou ao recurso aos ilegais contratos de prestações de serviços, como acontece nas actividades extracurriculares na educação, vai um pequeno passo.

O selectivo activismo do Estado neoliberal

Estas notas podem ajudar a compreender um facto aparentemente paradoxal: depois de mais de duas décadas de hegemonia neoliberal, o peso das despesas públicas nos países mais desenvolvidos, associadas ou não ao Estado Social, não sofreu contracções dignas de nota, tendo-se mesmo registado, em

([11]) Ver Bruno Frey e Matthias Benz, «Can private learn from public governance», *Economic Journal*, Novembro de 2005.

alguns casos, como em Portugal, uma expansão ([12]). As explicações para este resultado têm assinalado a perenidade da popularidade e apoio político à ideia do Estado Social, apesar de todos os ataques de que este tem sido alvo, ou por destacar o lastro na despesa pública que resulta do envelhecimento, em curso, da população ou da natureza muito intensiva em trabalho qualificado e com evoluções da produtividade necessariamente lentas, típica das áreas tradicionais de envolvimento do Estado, como é o caso da educação. No entanto, e sem querermos desvalorizar estas explicações, a nossa tese é a de que este resultado é perfeitamente compatível com um entendimento mais sofisticado do projecto neoliberal e com a sua aposta na reconfiguração das funções do Estado. Não se trata tanto de reduzir o peso da despesa pública, mas sim de promover a entrada de privados em múltiplas áreas da sua esfera tradicional de competências e, desta forma, favorecer a sua mercadorização mais ou menos gradual. Esta privatização da provisão, envolvendo complexas engenharias mercantis, opacas parcerias público-privadas, complexas subcontratações ou dispendiosos subsídios e incentivos fiscais, envolve um activismo estatal permanente e constante. Construir estruturas mercantis e garantir o seu funcionamento e expansão progressivos pode ser bastante dispendioso e exige, dada a natureza dos sectores em causa (saúde, educação, segurança social ou infra-estruturas públicas), uma poderosa maquinaria estatal, como, aliás, os neoliberais sempre reconheceram nos seus momentos de maior lucidez.

A expansão politicamente suportada das forças de mercado e o aumento das desigualdades e da desestruturação social que esta expansão sempre gera, conjugada com o esvaziamento progressivo do Estado Social assente na provisão pública uni-

---

([12]) Vincente Navarro, John Schmitt e Javier Astudillo, «Is Globalization undermining the wellfare state?», *Cambridge Journal of Economics*, Janeiro de 2004.

versal, têm levado, nos países desenvolvidos onde estes processos foram mais longe, a um reforço das áreas de actuação do Estado associadas à repressão e à punição, ou seja, à emergência e reforço de um Estado Penal, que é tanto mais importante quanto mais neoliberal é o modelo de desenvolvimento socioeconómico em causa ([13]).

Sendo Portugal uma das mais desiguais sociedades da Europa e tendo um Estado Social frágil e em processo de reconfiguração neoliberal, não é de admirar que o governo pareça apostar no reforço selectivo da provisão pública e privada na área da segurança. Portugal tem um polícia para cada 227 habitantes, quando a média europeia é de um para 350. Este governo, num contexto de suposta contenção orçamental, prometeu ainda formar mais dois mil polícias nos próximos tempos, assinalando assim a sua aposta num reforço muito selectivo da provisão pública ([14]). A segurança privada, por sua vez, é um dos poucos sectores económicos a registar um crescimento assinalável nos últimos anos de estagnação económica, expandindo-se com apoio do Estado, já que o sector público tem um peso de 30 por cento na facturação do sector ([15]).

F. A. Hayek, afirmou um dia que o Estado Social, assente na provisão pública no quadro de uma economia mista, representava o *«caminho para a servidão»* do totalitarismo ([16]). A evidência histórica disponível contrariou esta previsão. Pelo contrário, o neoliberalismo, ou seja, o esvaziamento do Estado Social e das instituições que o sustentam, como projecto político deliberado, parece ser hoje, em sociedades crescentemente desiguais, o melhor «caminho para a servidão» do Estado Penal.

([13]) Ver Loïc Wacquant, *As Prisões da Miséria*, Celta, Oeiras, 2000, e Michael Cavadino e James Dignan, «Penal Policy and Political Economy», *Criminology and Criminal Justice*, 2006.

([14]) *Diário de Notícias*, 25 de Março de 2008.

([15]) *Diário de Notícias*, 28 de Maio de 2008.

([16]) F. A. Hayek, *O Caminho para a Servidão*, Edições 70, Lisboa, 2009.

A CRISE E O PROCESSO DE FINANCEIRIZAÇÃO EM PORTUGAL

NUNO TELES

A actual crise financeira internacional tornou saliente o poder que a esfera financeira conquistou nas últimas décadas de neoliberalismo triunfante. As explicações mais recorrentes para esta crise responsabilizam a bolha especulativa do sector imobiliário norte-americano, que permitiu um crescente endividamento das famílias. O fim desta bolha, aliado ao incumprimento dos créditos, desencadeou a crise. O comportamento dos norte-americanos no recurso ao crédito é apresentado como sendo irracional. No entanto, é facilmente explicado por dois factores. Por um lado, a estagnação salarial, o aumento das desigualdades e a privatização dos serviços públicos forçaram as famílias a recorrer ao crédito como forma de manter os seus níveis de consumo e o acesso a bens essenciais (saúde, educação, habitação). Por outro lado, a disponibilidade maciça de fundos provenientes da pequena minoria dos mais ricos, aliada aos novos instrumentos de crédito que a desregulação dos mercados gerou, como é o caso da titularização dos créditos, permitiu o acesso aparentemente fácil ao crédito a toda a população.

Esta influência do crédito no quotidiano é normalmente entendida como um problema sobretudo anglo-saxónico, a que os europeus continentais não aderiram. Se é certo que os processos de financeirização da economia são assimétricos na sua distribuição geográfica (por, exemplo, na Alemanha, o endividamento não só não aumentou como diminuiu ligeiramente nos últimos anos), não há dúvida que poucos são os países que não embarcaram de alguma forma no regime anglo-saxónico de acumulação dominado pela finança. Portugal não foge à regra. As duas últimas décadas foram marcadas por uma explosão do sector financeiro no nosso país, visto como um dos mais dinâmicos e sofisticados da economia. Este dinamismo, bem expresso nos lucros recordes atingidos mesmo durante o período de estagnação da última década, é devedor das políticas públicas que os sucessivos governos PS/PSD/CDS levaram a cabo de progressiva privatização na provisão de um conjunto de bens e serviços essenciais em benefício da banca.

O sector mais significativo é, sem dúvida, o da habitação. Animado pela descida da taxa de juro dos anos noventa, possibilitada pelo processo europeu de integração monetária, o Estado português (no seu sentido lato, envolvendo as autarquias) promoveu todo um modelo de desenvolvimento assente na construção civil. A ausência e desinteresse na provisão pública de habitação – confinada aos bairros sociais –, aliada a um conjunto de incentivos fiscais (bonificação de taxas de juro, deduções fiscais nas contas de poupança habitação) e à quase ausência de planeamento urbano, incentivaram à construção e à compra a crédito de habitações novas. O resultado, além da total irracionalidade de existirem 5,7 milhões de imóveis edificados para uma população de 3,7 milhões de famílias, foi o endividamento galopante das famílias: de 50 por cento do produto interno bruto (PIB) em meados dos anos noventa, para 130 por cento do PIB actualmente. Os portugueses vivem hoje endividados durante metade das suas vidas, gerindo o seu dia-a-dia em função das variações da taxa de juro e da prestação a pagar ao banco.

Mas a permeabilidade dos bens e serviços essenciais à esfera financeira está longe de se limitar à habitação. Não é só como devedores que os portugueses estão dependentes da banca. Graças aos benefícios fiscais atribuídos aos planos poupança reforma e à erosão das pensões introduzidas pela recente reforma da segurança social, as classes média e alta investiram em fundos de pensões, verdadeiros dinamizadores da especulação bolsista dos últimos anos, na esperança de conseguirem garantir um complemento para a sua reforma. Face a esta crise, o resultado será certamente trágico para as suas poupanças, conquanto os bancos pouco percam, já que é nas comissões cobradas e não na rendibilidade destes fundos que repousa a sua principal fonte de receitas.

Se a promoção pública dos fundos de pensões e o recurso ao crédito à habitação foi sobretudo dirigido às classes médias, novas formas de crédito alargam os seus tentáculos aos sectores mais desfavorecidos. A educação é emblemática. Com propinas a aumentarem muito acima da inflação e com um sistema de acção social muito incipiente, o Estado introduziu um modelo de empréstimos bancários aos estudantes do ensino superior que se dirige, obviamente, a quem não pode recorrer ao apoio familiar. A dependência do sistema financeiro é antecipada para o período não activo das vidas. Finalmente, outro trágico exemplo, bem documentado num estudo do Centro de Estudos Sociais (CES) ([1]), é o recurso ao endividamento por parte dos desempregados. Sem direito a subsídio de desemprego ou sofrendo dos crónicos atrasos na sua atribuição, este estudo mostra como existe hoje um recurso generalizado aos cartões de crédito (com as taxas de juro mais elevadas do mercado) por parte dos desempregados como forma de «tapar os buracos» financeiros temporários a que a sua condição obriga.

Esta permeabilidade de diferentes esferas da vida social à finança, em todas as classes e em todas as idades, activamente promovida pelo Estado, torna a recente crise uma preocupação maior para o nosso país. O aumento do desemprego e consequente estagnação ou mesmo diminuição dos salários, aliada ao sobre-endividamento, fazem prever o pior no acesso aos bens e serviços essenciais. Só uma reversão política, que valorize os serviços públicos e corte a nossa dependência da finança privada, pode prevenir o pior.

([1]) Catarina Frade (coord.), «Relatório Final do Projecto Desemprego e Endividamento das Famílias», CES, Coimbra, 2003.

A IMPOSSIBILIDADE DE UMA ECONOMIA AMORAL

JOSÉ CASTRO CALDAS

Com as ondas de choque da crise financeira chegam-nos apelos à «moralização do capitalismo» e ao «castigo dos culpados». Estas exortações, porque vêm de onde nunca antes vimos preocupações deste tipo, não podem deixar de suscitar estranheza. Não estará a moralidade a ser instrumentalizada, seja para desviar a indignação para o espectáculo de autos-de-fé judiciais, esvaziando-a, seja para legitimar uma «auto-regulação» fundada na «responsabilidade social» das empresas?

E no entanto, a crise do capitalismo que estamos a viver é uma crise moral. A crise de uma economia que se pensou a si mesma como nem moral nem imoral, mas antes amoral e que foi sendo politicamente construída à luz desse pressuposto.

Todos os economistas se lembram da página número um do *Manual de Economia,* em que a «rainha das Ciências Sociais» era apresentada aos neófitos como demonstração cabal, formal, matemática mesmo, da possibilidade de uma sociedade fundada no egoísmo. O mercado em que todos procuravam nada mais do que a realização do interesse próprio transformava o egoísmo em bem comum, pondo as mercadorias à disposição dos que as procuravam no momento requerido e na maior quantidade possível ([1]).

Esta ideia surgia normalmente ilustrada com uma passagem de Adam Smith: aquela do talhante e do cervejeiro a cujo interesse próprio deveríamos apelar se deles quiséssemos

---

([1]) Mais à frente no manual admitiam-se e analisavam-se «falhas de mercado», mas isso no conjunto da narrativa pouco mais era do que uma nota de pé-de-página.

obter o nosso jantar. Mas podia ser outra do mesmo Smith; por exemplo, uma que se encontra não na *Riqueza das Nações* (2), mas na sua muito menos lida *Teoria dos Sentimentos Morais* (3): «A sociedade pode subsistir entre diferentes homens, como entre diferentes mercadores, com base no sentido da sua utilidade, sem qualquer amor ou afeições mútuas; apesar de nela nenhum homem dever qualquer obrigação, ou estar ligado pela gratidão a qualquer outro, pode ainda assim ser sustentada pela troca mercenária de bons ofícios de acordo com uma valorização acordada».

A *sociedade de mercadores* em que todos trocam com todos, em benefício mútuo, o que têm para vender – sejam produtos ou serviços, seja trabalho, terra ou dinheiro – sem obrigações ou gratidão; que melhor designação para a visão da Boa Sociedade que empolgou muitos dos que agora clamam pela «moralidade» e pelo «castigo dos culpados»?

De outro ponto de vista, esta sociedade era a mesma em que deixaria de haver «qualquer *nexus* entre pessoas senão o descarado interesse próprio e o empedernido pagamento monetário» a que Karl Marx e Friedrich Engels se referiam no *Manifesto Comunista*. Esta sociedade, ou melhor, este projecto de sociedade, é o que se encontra em crise. Essa crise é, antes de tudo o mais, moral: principia no não-reconhecimento das obrigações e da gratidão mútua.

Os contratos são o cimento da sociedade puramente mercantil – promessas mútuas que só são respeitadas por razões prudenciais, isto é, para não incorrer nas penas que o próprio contrato estipula, ou para preservar a reputação que tão útil pode ser na perspectiva de uma relação que se quer sustentar no tempo. Na sociedade puramente mercantil outra razão não existe para respeitar os contratos, ou as promessas, do que a consideração das penas em que incorremos em caso de incumprimento.

---

(2) Gulbenkian, Lisboa, 1999.

(3) Martins Fontes, São Paulo, 1999.

Não chegámos e nunca chegaremos ao tempo da plena realização deste «ideal». O ideal é inatingível: não só não é possível antecipar por escrito todas as contingências que o futuro esconde e prescrever os modos de acção dos contratantes, apropriados a cada uma delas, como não é possível policiar ao milímetro o cumprimento das cláusulas estabelecidas. Em todos os contratos há sempre muito de não contratual. Não fosse o sentido de obrigação mútua (de natureza moral) que apesar de tudo existe, os contratos nem sequer seriam concebíveis. Adam Smith compreendia isso muito bem. Afinal, a sua sociedade de mercadores não era, como se pode constatar pela passagem muito menos citada que se segue imediatamente à que ficou acima, uma sociedade puramente mercantil: «A sociedade, contudo, não pode subsistir entre os que estão sempre dispostos a magoar-se ou ferir-se uns aos outros. (...) A sociedade pode subsistir, embora num estado que não é o mais confortável, sem beneficência; mas a prevalência da injustiça destruí-la-ia totalmente.»

Quem ler Smith, e não apenas citações seleccionadas, descobrirá que para ele os seres humanos, em todos os domínios da vida, eram motivados por forças contraditórias. Ele considerava de facto que o «interesse próprio» era particularmente poderoso. O interesse, ou o «amor de si», podia ser uma virtude – zelar por si sem provocar dano a terceiros, ser prudente, seria sempre merecedor de elogio. Mas poderia também levar os indivíduos à agressão mútua, caso não existissem na natureza humana outros princípios a controlá-los. Estes princípios, no entanto, existiam. Dotados de uma consciência, os humanos poderiam muitas vezes ser justos e benevolentes, mesmo que o «amor de si» recomendasse o contrário. Quando assim não fosse, quando a consciência individual estivesse adormecida e a injustiça prevalecesse, as penas do tribunal ou o medo destas penas encarregar-se-iam de conter o egoísmo num reduto compatível com a existência da sociedade.

Mas a justiça, a justiça a que Smith se refere na passagem acima, não é apenas a justiça do tribunal, ela é antes de mais a que decorre da consciência. Sem ela, a sociedade de mercadores não poderia subsistir.

Embora o ideal da sociedade puramente mercantil não tenha sido até hoje realizado, houve passos que foram dados nessa direcção. Com o avanço da esfera mercantil em domínios antes relativamente abrigados – a saúde, a educação, a protecção na idade madura –, as décadas mais recentes da história do capitalismo foram um tempo glorioso para as relações de tipo contratual, a linguagem mercantil e o respectivo *ethos*. A par disso, e a confirmar os piores receios do próprio Smith, avolumou-se uma crise que, embora seja apreendida como crise dos tribunais, é na realidade, também, e antes do mais, uma crise moral.

Enfraquecimento das obrigações e gratidões mútuas

Os passos dados na direcção da sociedade puramente mercantil trouxeram também consigo a aversão aos compromissos. Com o enfraquecimento das obrigações e da gratidão mútuas, numa sociedade que se aproximou do ideal contratual de referência, a incerteza e a insegurança avolumam-se. Alguns sociólogos vão ao ponto de caracterizar essa sociedade como uma sociedade de risco. Nesse mundo inseguro, entrar em empreendimentos sem deixar uma porta aberta para a saída de emergência, ou atar as mãos de forma a não poder agarrar oportunidades que podem surgir quando menos se espera, é uma imprudência. Num mundo de incerteza, a liquidez, isto é, a procura de laços revertíveis a baixo custo, impõe-se a todos como *a* atitude racional possível.

O mundo dos negócios é o domínio onde a aversão aos compromissos, ou se preferirmos, a preferência pela liquidez, se manifesta na sua forma mais pura. John Maynard Keynes não se limitou a cunhar o conceito de preferência pela liquidez, neste caso para designar a preferência pela posse de activos facilmente revertíveis em dinheiro «vivo» e a aversão ao investimento «fixo», ele analisou e caracterizou os mecanismos da liquidez no mundo dos negócios com grande perspicácia.

A liquidez de Keynes tem origem na separação da propriedade e do controlo das empresas e é simultaneamente condição dessa separação, ocorrendo pela primeira vez no momento em que o «dono da orquestra» descobre que não tem de ser necessariamente maestro.

Houve um tempo, lembra Keynes no início do famoso capítulo 12 da sua *General Theory* (Teoria Geral) ([4]), em que as empresas «eram geralmente controladas pelos que empreenderam o investimento» e «o investimento dependia de uma oferta suficiente de indivíduos com temperamento determinado e impulsos construtivos que embarcavam nos negócios como forma de vida», em que as decisões de investimento eram irrevogáveis, «indissolúveis, como o casamento». Neste tempo, o investimento «produtivo» era sólido (ou fixo).

Com a criação e o desenvolvimento dos mercados de acções, esse tempo terminou. Estes mercados operam diariamente uma reavaliação do investimento – algo que no contexto anterior, caracterizado pela indissolubilidade dos laços do investidor com os seus activos, não fazia sentido – e, ao mesmo tempo que reavaliam, dão aos indivíduos «oportunidade para reverem os seus compromissos», isto é, para se desfazerem dos seus activos, adquirindo ou não outros oferecidos no mercado. Esta parece ser uma fantástica inovação institucional que reúne o melhor de dois mundos: o rendimento que os tesouros (a moeda, por exemplo) não podem prometer e a segurança que se pensava ser um atributo dos tesouros.

No entanto, como explicava Keynes, e como nós hoje bem compreendemos a partir de um saber de experiência feito, a liquidez, que se apresenta como resposta racional à incerteza, tende a originar instabilidade sistémica, acrescentando incerteza à incerteza individual. Num mundo de liquidez, o que

---

([4]) John Maynard Keynes, *The General Theory of Employment, Interest and Money*, McMillan, Londres, 1936.

para Keynes surgia como extraordinário é que ainda houvesse, apesar de tudo, lugar para a empresarialidade, isto é, para o compromisso duradouro com projectos. Se a empresarialidade tivesse fundamento racional, se dependesse do simples cálculo, há muito teria «murchado e morrido». Se ainda existia, é porque na realidade depende mais do optimismo espontâneo, dos *animal spirits* – «um impulso espontâneo para a acção» –, do que do cálculo. Mas como o optimismo espontâneo que permite agir apesar da incerteza é, como qualquer estado psicológico, inconstante, a «vida económica do mundo moderno» estaria necessariamente sujeita a «crises de confiança». Para Keynes, como é sabido, o capitalismo não poderia sobreviver a sucessivas crises de confiança.

Da liquidez à crise da confiança

A preferência pela liquidez de Keynes é tão sugestiva que é difícil resistir a evocá-la para caracterizar dinâmicas que observamos noutros domínios da vida social – do consumo às relações de trabalho, passando pelas relações afectivas ou as vinculações políticas ([5]).

Não é só na esfera financeira que a liquidez se impõe aos indivíduos como uma resposta racional à incerteza. A liquidez esvazia de significado a ideia de «plano de vida». Envolve mesmo uma modificação da relação com o tempo, transformando-o numa sequência de momentos. A vida do consumidor é precisamente uma sequência de momentos de gratificação.

A liquidez envolve também uma alteração do sentido dos compromissos interpessoais. Num mundo em que o futuro é

([5]) Isso mesmo tem sido feito até à exaustão (embora sem referência explícita a Keynes) por Zygmunt Bauman, por exemplo em *Liquid Modernity* (Polity Press, Cambridge, 2000 [*Modernidade Líquida*, Zahar, Rio de Janeiro, 2000]) e *Community: Seeking Safety in an Insecure World* (Polity Press, Cambridge, 2001 [*Confiança e Medo na Cidade*, Relógio d'Água, Lisboa, 2006]).

difuso, os compromissos vinculativos podem ser francamente prejudiciais quando nos impedem de agarrar oportunidades que surgem onde menos se espera. As relações interpessoais deixam então de ser produzidas, trabalhadas, para se transformarem elas próprias em objectos de consumo que passam a estar sujeitos ao teste de satisfação a que todos os objectos de consumo devem sujeitar-se.

Na esfera financeira, a preferência pela liquidez resulta em quebra do investimento – investir em acções e outros activos líquidos, não sendo o mesmo que investir em novos empreendimentos, pode ser mais atractivo. Na sociedade em geral, na economia e na política, traduz-se em incapacidade de acção colectiva – investir em redes relacionais flexíveis torna-se preferível a investir em pertenças fortes.

Nas empresas e noutras organizações, a acção colectiva sempre foi um pré-requisito da produção, tão importante como a divisão do trabalho, a monitorização e a coerção. As empresas e as organizações sempre reclamaram não só o corpo como a alma dos seus habitantes. No entanto, num contexto de liquidez, de dissolução dos compromissos de longo prazo e de procura da flexibilidade nas relações laborais, a confiança torna-se escassa, difícil de sustentar.

A procura de substitutos para a confiança assente em obrigações mútuas claras tem múltiplas expressões, nomeadamente os patéticos rituais de identificação que actualmente são encenados nas empresas e noutras organizações. Em vão. Em condições de liquidez, a *lealdade* é difícil de cultivar: concentrados na arte da fuga, os residentes estão mais preocupados com a aquisição de capacidades e com a realização de *feitos* que lhes facilitem a *saída*, ou que tornem a ameaça de saída mais credível, do que com a realização das tarefas que mais contribuem para a continuidade do empreendimento colectivo.

A acção colectiva depende crucialmente, entre outras condições, da perspectiva de continuação indefinida da interacção, sendo portanto incompatível com relações precárias.

O que acontece nas empresas e noutras organizações tem expressão também no plano político mais geral. É assim que na sociedade líquida os sofrimentos individuais parecem não se agregar em causas comuns sustentadas no tempo, mas apenas em «bolhas» que enchem e se esvaziam sem dar origem a visões de futuro ou projectos políticos regeneradores.

A sociedade e a economia caracterizadas pela liquidez estão tolhidas na sua capacidade de realizar projectos em conjunto, de enfrentar colectivamente problemas. Estão bloqueadas, presas numa armadilha. Em crise… moral.

PARA UMA RESPOSTA À CRISE

Octávio Teixeira

De há muito se sabia que a crise financeira teria, inevitavelmente, pesadas consequências nos planos económico e social. As dúvidas que, pelo menos desde há alguns meses, poderiam suscitar-se eram a da dimensão desses impactos e durante quanto tempo irão perdurar. E, no que concerne à economia portuguesa, a evolução dos dados estatísticos do Instituto Nacional de Estatística (INE), tal como as previsões de instituições internacionais, já há tempos que não deixavam dúvidas sobre a desaceleração do crescimento económico a caminho da recessão. Ora só no passado dia 16 de Novembro o primeiro-ministro de Portugal parece ter-se apercebido dessa perspectiva, quando afirmou: «É altura de começar a pensar na economia real. Tenho andado a pensar em bancos tempo demais» ([1]).

A gravidade que atribuo a esta declaração radica na percepção que fica de que o primeiro-ministro, até há alguns dias, ignorou que a crise financeira teria implicações económicas e sociais, tendo consumido o melhor de dois meses a olhar apenas para a salvação dos bancos e dos seus accionistas, deixando a defesa da economia real e do emprego na dependência de um qualquer milagre. Aliás, de facto, José Sócrates parece ainda não estar convencido da certeza do agravamento da crise económica, da muito provável recessão, quando ainda agora, na fase final do debate orçamental, se recusa a admitir a necessidade de alterar realisticamente o quadro macroeconómico em que o Orçamento do Estado para 2009 assenta.

([1]) Ver *Diário Económico*, 17 de Novembro de 2008.

E é meridianamente evidente que se esse quadro-base está manifestamente desajustado da realidade, então, o correlativo Orçamento não pode estar em condições de responder adequadamente às exigências do combate à dimensão económica e social da crise.

Ora, a resposta à crise tem de ser global e articulada, e deve ser ajustada à dimensão das suas consequências.

Nessa perspectiva, assumo como ponto de partida a necessidade de uma percepção dos factores centrais que estão na base do despoletar da crise (olvidando, para os efeitos deste texto, as causas estruturais relacionadas com as contradições e limitações inerentes ao sistema capitalista). Destaco três factores: a) a desastrosa liberalização e desregulação do mercado globalizado, arredando quaisquer constrangimentos à circulação dos fluxos financeiros e à deslocalização de actividades produtivas e do emprego; b) o domínio da economia por estritas lógicas financeiras, gerando um gigantesco fluxo de «capitais fictícios» sem qualquer correspondência com a actividade produtiva e as transacções económicas internacionais; c) o facto de o modelo neoliberal ter posto em concorrência os trabalhadores de todo o mundo, criando um «exército de reserva» de âmbito mundial e aumentando a exploração dos trabalhadores, nomeadamente através da precarização dos empregos e da permanente redução relativa dos salários, enfraquecendo a sua capacidade de consumo e os seus direitos sociais.

Assim sendo, a resposta à crise deverá visar um combate articulado a todos estes factores. Não restarão dúvidas que muito do que está em causa só pode ter resposta cabal a nível mundial e do espaço económico em que estamos inseridos, a União Europeia. Mas resta uma enorme capacidade de intervenção ao nível nacional.

Desde logo, Portugal é membro da União Europeia e o governo de José Sócrates deverá aí assumir que as lições retiradas do despoletar e do movimento de contágio da crise impõem (porque também interessam directamente ao combate da crise no âmbito doméstico) alterações profundas nas orientações da União Europeia. Nomeadamente:

a) abandonar como objectivos principais e condicionadores de todas as políticas económicas sociais, os princípios da «livre concorrência não falseada», da irrestrita «movimentação de capitais entre Estados-Membros e entre Estados-Membros e países terceiros» e da «supressão das restrições às trocas internacionais e aos investimentos estrangeiros directos»;
b) alterar radicalmente o estatuto do Banco Central Europeu (BCE) quanto à sua intocável independência face aos poderes políticos responsáveis perante os cidadãos, substituir o objectivo primordial «da estabilidade dos preços» pelo do desenvolvimento económico e social, e ter presente que existe uma «taxa de inflação estrutural» para cada economia;
c) reformar o Pacto de Estabilidade e Crescimento (PEC), reforçando a componente do crescimento e incorporando a clarividência de que o nível do défice orçamental nunca pode ser erigido a um objectivo macroeconómico autónomo, muito menos predominante;
d) desmantelar os paraísos fiscais.

Como reforçar o papel do Estado

Em segundo lugar, parece ser evidente que a crise actual demonstra a necessidade de reforçar o papel do Estado na economia nacional.

Certamente no âmbito da regulação e supervisão, dos sistemas financeiros e bancário assim como da concorrência e do sector energético. O Estado deverá ser o primeiro responsável por essa regulação e, ainda que nos sectores financeiro e bancário possa delegar essa função noutras instituições, deverá ter sempre um papel activo e determinante na exigência da eficácia na sua concretização. A tese da independência dos reguladores é, demonstradamente, uma ficção.

Mas o Estado deverá também reforçar a sua intervenção directa nos sectores estratégicos para a economia portuguesa. O que exige o abandono das intenções de proceder a mais privatizações nos sectores energético, das comunicações, dos transportes e das águas. Inversamente, deve aí ser reforçado o peso do sector público.

Quanto ao sector bancário, será útil começar por citar Thomas Jefferson (que mão amiga me fez chegar): «Acredito que as instituições bancárias são mais perigosas para as nossas liberdades do que o levantamento de exércitos. Se o povo americano alguma vez permitir que bancos privados controlem a emissão da sua moeda, primeiro pela inflação, e depois pela deflação, os bancos e as empresas que crescerão à roda dos bancos despojarão o povo de toda a propriedade até os seus filhos acordarem sem abrigo no continente que os seus pais conquistaram» (2). Subscrevo e generalizo o seu âmbito regional. Pelo que considero exigível aumentar o peso directo do Estado no sector.

E isso pode começar a ser feito a partir do plano governamental de recapitalização dos bancos. Impõe-se que os recursos que venham a ser utilizados não assumam os contornos de uma mera acção de socorro aos accionistas privados com dinheiros públicos, antes signifiquem uma efectiva e plena intervenção do Estado no capital social dos bancos, com os consequentes direitos de intervenção na definição das suas estratégias e gestão (3).

Tal como se impõe que à Caixa Geral de Depósitos (CGD) seja definida uma estratégia de gestão que, não pondo em

---

(2) Para algum distraído, esta clarividência provém de um ex-presidente dos Estados Unidos... e não era marxista.

(3) Se utilizada a dotação orçamental na sua totalidade, isso significará um reforço dos capitais sociais dos bancos domésticos superior a 20 por cento.

causa a sua exigível e adequada rendibilidade, se oriente por outros critérios que não exclusivamente o da maximização dos lucros ([4]). Como instituição pública, a CGD deve desenvolver uma política de crédito que seja um efectivo instrumento da política económica, tendo como objectivos o apoio à actividade produtiva e ao emprego e a exclusão do financiamento de actividades financeiras e especulativas. Bem como um papel activo de incentivo à poupança dos particulares, através de uma remuneração adequada dos depósitos em detrimento da canalização das poupanças para fundos de investimento ligados à actividade bolsista, e do privilégio concedido ao financiamento do sector no exterior, engrossando perigosamente a dívida externa do país ([5]).

Por outro lado, tendo o governo criado uma garantia pública de emissão de dívida pelos bancos, deve ser exigido a qualquer banco que recorra a essa garantia que a liquidez obtida seja, necessariamente, canalizada para o apoio à actividade produtiva e ao emprego, excluindo expressamente a sua aplicação em operações financeiras. Só esse objectivo pode justificar a garantia do Estado. Por isso, seria inaceitável que o pedido do Banco Privado Português (BPP) de recurso a essa garantia pudesse vir a ser deferido pelo governo. O BPP não realiza operações de crédito, é um banco especializado na gestão de fortunas. Seria indecoroso que a garantia do Estado funcionasse como pronto-socorro ao serviço da salvação de grandes fortunas parasitárias.

Investimento público nas infra-estruturas sociais

Uma terceira vertente em que o governo pode e deve intervir situa-se no âmbito das políticas fiscal e orçamental. Apre-

---

([4]) Rendibilidades dos capitais próprios na ordem dos 20 por cento, como se tem verificado nos últimos anos no sector, são claramente excessivas.

([5]) Em Junho de 2008, a dívida externa do sistema bancário era 111 por cento do PIB em termos brutos e 55 por cento em termos líquidos.

senta-se como uma exigência que a política fiscal tribute de forma efectiva as aplicações meramente financeiras e as mais-valias mobiliárias. É indecoroso que alguns dos factores responsáveis pela crise sejam incentivados e apoiados pelo Estado, por via de uma injustificável isenção tributária. Acresce que a tributação das operações bolsistas, tal como, por exemplo, a Taxa Tobin, para lá de uma questão de justiça fiscal e de aumento da receita fiscal, favorece uma outra política de crédito ao serviço da produção e do emprego.

E não me parece excessivo admitir que o imposto sobre o rendimento das pessoas colectivas (IRC) venha a ter duas taxas diferentes. Não como a que foi decidida pelo governo, mas visando tributar, com a taxa normal actual, os lucros canalizados para o reforço dos capitais próprios e do investimento produtivo e, a uma taxa agravada, os lucros distribuídos aos accionistas.

No âmbito orçamental, o problema central na perspectiva de resposta imediata à crise situa-se no plano do investimento público. O nível do investimento deverá ser substancialmente aumentado face ao previsto no respectivo Orçamento para 2009. Não é defensável que numa situação de «quase-certeza» da recessão se possa esgrimir com os limites máximos do défice previstos no PEC. Mas mesmo nesse quadro inaceitável ainda haveria margem de manobra para acrescer o investimento público, e pelo menos essa deverá ser aproveitada. A questão que poderá suscitar-se é a de quais os investimentos. Sou de opinião que eles deverão incidir na área das infra-estruturas sociais (educação – incluindo as creches e jardins de infância, em que o défice nacional é muito grande –, saúde, apoio aos idosos) e defesa do ambiente. Porque, além de a sua necessidade não ser discutível (como o são os grandes projectos do novo aeroporto e, em particular, do transporte de grande velocidade, o TGV), a dimensão unitária destes investimentos permite apoiar, de facto, um maior número de empresas e de empregos.

Finalmente, mas não menos importante, o combate articulado à crise e à criação de um quadro de crescimento sustentável exige que assuma relevância primeira a luta contra o subconsumo popular, decorrente da permanente deflação dos salários e das pensões de reforma e do aumento do desemprego. Assuma-se, de uma vez por todas, que o modelo dos baixos salários tem de ser abandonado na prática da vida nacional. Ao nível do patronato e do Estado.

Neste âmbito, o papel do Estado é determinante. Porque a valorização das pensões de reforma como do subsídio de desemprego ([6]) e de outras prestações sociais depende basicamente, tendo em atenção o necessário equilíbrio das contas da segurança social, da vontade política do governo. Porque a fixação do salário mínimo nacional pode (e deve) ser um instrumento da alteração do referido modelo de baixos salários que continua a prevalecer. E porque a actualização salarial concretizada anualmente pelo governo para os trabalhadores das administrações públicas funciona como ponto de partida, como paradigma, para a negociação salarial a nível das empresas. E importa que se instale a consciência da evidência de que uma mais justa e adequada repartição do rendimento do trabalho, em favor do factor trabalho, é uma questão de justiça social mas também um elemento essencial para combater o aparecimento de crises de sobreprodução e para relançar o necessário crescimento económico e do emprego em bases sustentadas. Como deve ser assumido, sem as mistificações do socialismo liberal, que a valorização do trabalho é (deve ser) um imperativo político, económico e social. O que implica o abandono definitivo do projecto de alteração da legislação laboral e a revogação dos aspectos mais antilaborais já presentes no actual Código do Trabalho.

([6]) Só a cegueira dos neoliberais que recusam aceitar que a crise actual mostrou a falência do seu modelo poderá explicar a estulta acusação do Banco de Portugal, em Novembro de 2008 (!), que afirmou que «a generosidade do regime do subsídio de desemprego (...) continua a contribuir para um nível elevado de desemprego de longa duração».

A economia deve estar ao serviço do desenvolvimento do Homem; não são os direitos, o nível de vida e o bem-estar dos trabalhadores que devem ser subordinados ao enriquecimento do capital e aos seus disparates que estão na base da crise.

POLÍTICA DE INOVAÇÃO: A CRISE COMO OPORTUNIDADE

JORGE BATEIRA

Artur Santos Silva, presidente da Cotec Portugal – Associação Empresarial para a Inovação, prestou declarações à comunicação social na entrega do prémio Cotec PME 2008 ([1]). Ficámos a saber que a Rede PME Inovação é hoje constituída por cem empresas, um número que quase duplicou relativamente ao ano passado devido ao «grande esforço que a Cotec e as instituições que com ela colaboraram colocaram na atracção à Rede de empresas de sectores tradicionais». Ainda assim, o presidente da Cotec Portugal reconheceu que «há muitas PME que não compreenderam que a inovação de produto, de processo, organizacional ou de marketing é, cada vez mais, um imperativo de sobrevivência». Este testemunho pode ser particularmente chocante para muitos cidadãos portugueses tendo em conta que, desde que aderiu à Comunidade Económica Europeia (CEE), Portugal está a executar o quarto Quadro Comunitário de Apoio (QCA), agora designado Quadro de Referência Estratégica Nacional (QREN). Pela minha parte, apesar de saber que os vários programas de apoio à competitividade empresarial sempre tiveram taxas de execução financeira elevadas, o número de Pequenas e Médias Empresas (PME) integradas na rede da Cotec Portugal não me surpreende.

O que está em causa foi objecto de um artigo relativamente recente cuja ideia central está resumida nesta passagem: «Em que consiste então o paradoxo do sistema de inovação em Portugal? A acção determinada do Ministério da Ciência e do

([1]) *Público* (Suplemento), 21 de Novembro de 2008.

Ensino Superior, por um lado, e a percepção de que se observa uma divergência estrutural na evolução do sistema de inovação em Portugal relativamente à dos principais países da convergência, só tem uma explicação lógica no quadro de uma arquitectura do SNI [Sistema Nacional de Inovação] que se aproxima de uma tipologia baseada na ciência. Ora isto acontece numa economia em que os sectores intensivos em ciência são incipientes e onde a transformação de capacidade produtiva em capacitação tecnológica tem de se fazer não ignorando a vasta incidência dos sectores "dominados pela oferta de equipamentos"» ([2]).

É precisamente nestes «sectores tradicionais», aqueles em que o nível de escolaridade de empresários e trabalhadores é relativamente baixo e a inovação é sobretudo induzida pelos fornecedores de equipamento e baseada em conhecimento prático, que é difícil encontrar engenheiros, e muito menos gabinetes de investigação e desenvolvimento tecnológico (IDT), indispensáveis à conversão dos recursos financeiros recebidos em acréscimo de competitividade. No entanto, estas empresas constituem uma parte substancial da actual base exportadora da economia portuguesa, particularmente valiosa se tivermos em conta que o contributo da Autoeuropa tem futuro incerto.

Reconhecendo que os anteriores programas de apoio, sobretudo formatados para candidaturas individuais, alimentavam a baixa propensão das empresas para cooperarem, o QREN está a experimentar no quadro do Programa Operacional Factores de Competitividade uma nova orientação política promovendo: 1) «Pólos de Competitividade e Tecnologia», redes nacionais de empresas de média/grande dimensão, universidades e (ou) associações empresariais visando alcan-

---

([2]) Ler Hugo Figueiredo e António Manuel Figueiredo, «Instituições e Políticas Públicas para um Novo Paradigma de Inovação e Qualificações na Economia Portuguesa», *Cadernos Sociedade e Trabalho: Competitividade, Inovação e Emprego*, 5, 2005, pp. 51-75.

çar projecção internacional através de sinergias sobretudo de natureza tecnológica (energia, moda, saúde, moldes, etc.); 2) «Outros Clusters», redes regionais de PME e outras entidades mobilizadas em torno de projectos de inovação que relancem a competitividade em sectores tradicionais como os da cerâmica, vidro, ourivesaria, mobiliário, turismo, etc. ([3]).

Em certos aspectos, esta orientação apresenta semelhanças com a política de inovação adoptada em França há alguns anos ([4]). Uma das fragilidades que Olivier Brette e Yves Chappoz apontam a este modelo é o risco de desagregação da rede logo que alcançados os resultados do patamar do projecto que antecede o teste do mercado. Nesse caso, a rede não teria gerado relações de longo prazo baseadas na confiança entre os parceiros, um objectivo essencial numa política pública que assume a inovação empresarial como processo colectivo.

Num país que está longe da fronteira tecnológica e preserva uma cultura avessa à cooperação, os projectos agora lançados em Portugal através do QREN, sob a designação comum de «Estratégias de Eficiência Colectiva», correm elevado risco de não alcançarem os objectivos propostos. Uma das razões reside desde logo na própria arquitectura do QREN: a aprovação do pólo/*cluster* é condição de acesso a «envelopes financeiros» onde as empresas participantes podem obter incentivos preferenciais, designadamente em outras medidas do mesmo Programa ou em candidaturas aos Programas Regionais. Assim, participar numa rede de cooperação pode ser o «preço a pagar» para ter acesso privilegiado aos tradicionais apoios ao investimento. E, deste modo, teríamos o regresso do velho modelo de crescimento baseado no investimento, mas agora com roupagens modernas e reservado a uma elite. Além deste,

([3]) Ler «Pólos de competitividade a Norte», *Expresso* (Economia), 8 de Novembro de 2008.

([4]) Ler Olivier Brette e Yves Chappoz, «The French Competitiveness Clusters: Toward a New Public Policy for Innovation and Research?», *Journal of Economic Issues*, 61 (2), 2007, pp. 391-398.

há outros riscos, mais intangíveis mas nem por isso menos importantes.

Construção de novas competências

Com alguma atenção, percebe-se que o «modelo linear» que atribui à ciência a liderança do processo de inovação continua latente no discurso do governo, de membros da academia, elites políticas e da própria Estratégia de Lisboa, de que é exemplo a meta de despesa em investigação e desenvolvimento (I&D) de 3 por cento do produto interno bruto (PIB). A influência deste modelo na concepção das políticas de inovação tem-se traduzido no claro predomínio da «lógica de oferta» em detrimento de medidas de estímulo pela procura ([5]). Por outro lado, o facto de o presidente da Cotec Portugal entender a reduzida participação das PME como um problema de «falta de compreensão» dos empresários é por si só revelador da hegemonia de uma ideia (errada) de que o conhecimento, neste caso tecnológico, é uma «coisa» que se pode comprar, acumular ou transferir ([6]). Na realidade, o conhecimento não se difunde, antes é construído num processo envolvendo subjectividades, interactividade e materiais simbólicos. Por isso, a política de inovação não pode ter por objecto «fluxos de conhecimento». A política de inovação promove a construção de novas competências individuais, organizacionais e sistémicas, sobretudo através da interacção dos actores sociais relevantes, porque é assim que os seres humanos e as suas organizações aprendem. Assim, um entendi-

---

([5]) Ler Jakob Edler, «Demand-based Innovation Policy», *Manchester Business School Working Paper*, n.º 529, 2007, www.mbs.ac.uk/research/workingpapers.

([6]) Ler Jorge Bateira, «Beyond the codification debate: a 'Naturalist' view of knowledge", Wilfred Dolfsma e Luc Soete (orgs.), *Understanding the Dynamics of a Knowledge Economy*, Edward Elgar, Cheltenham, 2006.

mento da inovação dominado pela ciência, e uma identificação errada do objectivo último da política, podem constituir perigosas ameaças, ainda que subtis, ao potencial de desenvolvimento de uma medida que tem contornos positivos.

Recorrendo a uma analogia com as chamadas «falhas de mercado», há autores que utilizam a expressão «falhas de rede» para discutir as dificuldades de uma política de inovação nos países em desenvolvimento ([7]). Uma das falhas de rede que apontam reside na *dificuldade de articulação* entre diferentes escalas territoriais em redes da mesma natureza (agências públicas regionais e nacionais) ou entre redes de diferente natureza (produção e formação), frequentemente ocorrendo os dois tipos de dificuldade em simultâneo. Num contexto político-administrativo em que cada direcção regional é pouco mais que correia de transmissão do respectivo Ministério, e a reforma da desconcentração do Estado português marca passo; em que o mandato constitucional de criação de regiões com estratégias de desenvolvimento legitimadas pelo voto permanece adiado *sine die*, os referidos riscos de falha de rede resultam seriamente agravados. No que segue, limito-me a discutir esta problemática da política de inovação, o que não significa que outras sejam menos relevantes.

Os estudos de gestão empresarial mostram que quando as organizações se abrem à experimentação, e apoiam processos de aprendizagem informal no local de trabalho, cria-se um círculo virtuoso que consolida e relança o processo de mudança em vários domínios e interfaces da organização. Infelizmente, este paradigma da gestão está longe de ser dominante nas nossas empresas e na administração pública. Se tivermos em conta os ainda muito baixos níveis de escolaridade, e a existência de uma cultura que tem dificuldade em ver o desacordo e o erro

---

([7]) Ler Nick von Tunzelmann, «As indústrias de alta tecnologia e os países de desenvolvimento intermédio», Isabel Salavisa Lança, Walter Rodrigues e Sandro Mendonça (orgs.), *Inovação e Globalização – Estratégias para o desenvolvimento económico e territorial*, Campo das Letras, Porto, 2007.

como próprios da vida democrática e oportunidades de aprendizagem, então a questão crucial que temos de colocar é a de saber como acelerar a mudança cultural do país e, muito em particular, a *mudança das normas institucionais* que organizam as sua empresas, a economia e a relação desta com a restante sociedade.

A literatura dos «sistemas regionais de inovação» ([8]) tem colocado a ênfase na existência de *confiança* como factor fundamental para que a cooperação entre os actores sociais seja frutuosa. Neste ponto, é pertinente lembrar que as normas institucionais vigentes são o recurso de que se servem os actores sociais para reduzirem o risco associado à confiança. As normas institucionais «fornecem padrões de comportamento social que orientam as expectativas e decisões dos actores sociais de uma forma *não determinista*» ([9]), razão por que não é adequado discutir os obstáculos à cooperação apenas no plano dos indivíduos. A análise dos factores determinantes do sucesso das redes de cooperação para a inovação deve assumir a existência de obstáculos situados em níveis diferentes, mas interdependentes, a saber: *nível interpessoal* (reputação, tipos de liderança, linguagens), *nível meso* (as já referidas «falhas de rede») e *nível institucional* (normas institucionais e «confiança sistémica», ou a sua ausência). Este último nível diz respeito à natureza e grau da integração entre acordos estabelecidos pelas empresas e organizações de outra natureza, normativo jurídico e sua fiscalização, credibilidade das autoridades políticas, credibilidade dos processos de formulação das políticas, valores e teorias dominantes, etc. Este sistema de normas institucionais tem enorme influência na disponibilidade dos actores sociais para uma cooperação duradoura. Lamentavelmente, esta dimensão institucional das políticas públicas tem

---

([8]) Ler Jorge Bateira, «Política de inovação e governança regional – uma perspectiva evolucionista», *op. cit.*

([9]) Ler Reinhard Bachmann, «Trust, power and control in trans-organizational relations», *Organization Studies*, 22 (2), 2001, p. 345.

sido ignorada em Portugal, com efeitos gravosos também na política de inovação, o que se compreende se levarmos em conta as teorias que as têm inspirado (10).

Alguns países europeus têm vindo a experimentar políticas de inovação numa escala regional tendo em conta que apenas são duradouras as vantagens competitivas construídas a partir de relações de trabalho em rede, embebidas na história, na cultura e, muito em especial, nas normas institucionais específicas de um dado negócio num dado território (11). Contudo, alguns autores salientam um importante factor de risco: «[O processo] não produzirá os efeitos pretendidos se às próprias autoridades regionais faltar o espírito inovador» (12). Ou seja, pode até existir uma autoridade regional envolvida no processo de dinamização, mas o resultado final será medíocre ou nulo se a própria autoridade fizer parte do problema a resolver. Temo bem que esta observação se aplique com toda a propriedade às nossas Comissões de Coordenação e Desenvolvimento Regional (CCDR), sobretudo desde que passaram a gerir os «incentivos» dos QCA.

Chegados aqui, importa assumir que no âmbito da política de inovação, como de resto noutras políticas, o Estado é chamado a desempenhar um papel empreendedor, algo que de algum modo Schumpeter anteviu sob a forma de Estado-empresário em indústrias específicas e, aspecto que aqui mais importa, através da reconfiguração das normas institucionais e da promoção de um comportamento empresarial schumpete-

---

(10) A título de exemplo, ler Vítor Santos, «Editorial», *Economia & Prospectiva*, 2 (3), Ministério da Economia, 1999, pp. 3-6.

(11) Ler Bjørn T. Asheim, Arne Isaksen, Claire Nauwelaers e Franz Tödtling (orgs.), *Regional Innovation Policy for Small-Medium Enterprises*, Edward Elgar, Cheltenham, 2003.

(12) Ler Claire Nauwelaers e Kevin Morgan (1999), «The New Wave of Innovation-Oriented Regional Policies», Kevin Morgan e Claire Nauwelaers (orgs.), *Regional Innovation Strategies – The Challenge for Less-Favoured Regions*, The Stationary Office, Londres, 1999.

riano entre os agentes económicos ([13]). Temos assim uma visão do Estado como animador do desenvolvimento que está obrigado a articular diferentes escalas de intervenção (regional, nacional, União Europeia) e diferentes políticas, designadamente sectoriais e macroeconómicas, também estas com incidências relevantes nos processos de inovação.

Assim, num contexto de crise global do capitalismo neoliberal, o desafio que hoje se coloca a um governo de esquerda é enorme. Não se trata apenas de reinventar um Estado keynesiano que, nas condições do século XXI, recupere o controlo da economia e a subordine ao interesse público. Trata-se, ao mesmo tempo, de construir um Estado schumpeteriano que, assumindo-se como animador de processos de inovação, promova o desenvolvimento sustentável das nossas sociedades. Nada menos do que isto resultará. Mas, em tempo de crise de paradigmas, os cidadãos estão mais do que nunca receptivos a propostas políticas audazes.

([13]) Ler Alexander Ebner, «Institutions, entrepreneurship, and the rationale of government: an outline of the Schumpeterian theory of the Sate», *Journal of Economic Behavior & Organization* 59, 2006, pp. 497-515.

A CRISE E O FUTURO

João Ferreira do Amaral

Foi o economista norte-americano Irving Fisher que num artigo de 1933 afirmou que as depressões económicas começavam com um sobre-endividamento e prosseguiam com uma deflação. Talvez seja exagero a generalização. Mas podemos certamente dizer que os problemas de crédito desencadearam a actual crise.

Existe um risco de crise de crédito quando os activos (sejam materiais, como por exemplo casas de habitação, ou imateriais, como por exemplo acções de sociedades) que servem de garantia aos empréstimos concedidos foram, no momento da concessão do empréstimo, sobrevalorizados face aos valores normais de mercado. Assim, quem empresta, se existir um incumprimento por parte de um devedor, não vai poder reaver tudo aquilo que emprestou porque não consegue vender os activos de garantia a um valor suficiente para tal.

Se esta situação – quer de risco de crédito quer de incumprimento – for relativamente generalizada, o sistema financeiro no seu conjunto é afectado, não só porque os activos, ao haver uma tentativa de venda generalizada, ainda perdem mais valor, como também porque as instituições que emprestaram, sejam bancos sejam outras instituições financeiras, podem ser afectadas por perdas tais que têm dificuldades em honrar os seus próprios compromissos e podem entrar em falência.

Se for este o início duma crise, ela pode desenvolver-se em várias direcções e, na actualidade, estender-se-á muito provavelmente a todo o mundo. A crise desenvolve-se, em primeiro lugar, levando a uma queda das cotações das bolsas, em virtude da queda das acções das instituições financeiras que entram em dificuldades e também das empresas que eram donas dos activos e entraram em incumprimento face às instituições financeiras. Queda essa que, criando-se um clima de desconfiança, se generaliza posteriormente a quase todo o tipo de empresas.

Esta queda das cotações leva, por outro lado, a grandes dificuldades nos fundos de investimento e nos fundos de pensões que aplicaram pelo menos parte dos seus recursos em acções que entretanto se desvalorizam ou em obrigações de empresas que entram em incumprimento, podendo esses fundos também, por esse motivo, deixar de cumprir os compromissos (garantia de capital ou de rendibilidade mínima, por exemplo) que assumiram em relação aos investidores.

Uma segunda direcção de desenvolvimento da crise vai no sentido dos mercados de derivados, sejam futuros, *swaps* ou opções. Nestes mercados, a impossibilidade de alguém cumprir as obrigações que assumiu pode levar a uma cascata ao longo do tempo de incumprimentos, com consequências que ampliam largamente as dificuldades do crédito que acima descrevemos.

Finalmente, uma terceira direcção poderá ser o desencadear de um processo especulativo que leva os investidores em busca de segurança a adquirir activos de refúgio, isto é, activos que se espera que não venham a desvalorizar-se em caso de generalização da crise.

Tais activos podem ser uma dada moeda de um país ou zona monetária, cujo valor em relação às outras moedas se admite que se manterá sólido – e teremos então uma especulação cambial –, ou podem assumir a forma de determinadas mercadorias, como o ouro ou o petróleo. Poderemos assim ter, ao mesmo tempo que a crise financeira se desenvolve, com todo o cortejo de desvalorizações de activos, bolhas especulativas em moedas ou mercadorias, o que ainda instabiliza mais a economia real, já de si afectada pela queda de confiança provocada pela crise financeira.

Todos estes ingredientes se verificaram na actual crise: a crise de crédito do *subprime* nos Estados Unidos em 2007, as falências – efectivas ou evitadas *in extremis* pelas autoridades – de instituições financeiras, a bolha especulativa do petróleo e produtos alimentares na primeira parte de 2008, acompanhada por uma forte apreciação do euro em relação ao dólar enquanto moeda de refúgio.

Por outro lado, as crises financeiras actuais amplificam-se muito mais do que no passado em virtude da globalização dos mercados financeiros que se processou desde os anos oitenta e do desenvolvimento dos mercados de derivados.

Em relação a este último aspecto, é significativo que entre os anos de 2001 e 2007 o rácio em relação ao produto interno bruto (PIB) mundial dos valores dos contratos de derivados tenha aumentado de 15 por cento para 20 por cento e os valores nacionais destes contratos de 3,4 vezes para 9,5 vezes o valor do PIB!

Estes indicadores têm um duplo significado: por um lado, eram, em 2007, um claro pré-anúncio da profundidade que a crise poderia ter; por outro lado, dão bem a dimensão do ajustamento que terá de ser feito.

A crise do *subprime* encontrou, pois, um fértil campo por onde se expandir.

O contágio da economia real

Instalada a crise financeira, ela pode propagar-se ou não à economia real. Tudo depende, em grande parte, dos instrumentos de política económica que forem accionados.

O que se deve tentar evitar em primeiro lugar é que as falências das instituições financeiras provoquem uma falta de confiança tal nos mecanismos financeiros que leve a que os bancos deixem de fornecer crédito uns aos outros e à economia real. Pode surgir, efectivamente, a situação em que os bancos prefiram ter dinheiro disponível sem o aplicarem (a não ser em depósitos nos bancos centrais) para se precaverem, embora perdendo algum dinheiro, de situações de incumprimento em relação a aplicações que fizeram no passado.

Note-se, no entanto, que pode haver diversas possibilidades de actuação das autoridades face a uma hipótese de falência, porque esta também pode assumir diversas formas.

Se uma instituição financeira vai à falência porque assumiu compromissos, em relação aos investidores dos fundos que administra, que não pode cumprir devido à perda de valores dos activos em que investiu, então nada haverá a fazer. Tem de se admitir a falência, ou seja, as perdas, quer dos investidores quer dos accionistas dessas instituições e, tratando-se de uma instituição que administre fundos de pensões, será necessário acudir aos pensionistas, que se arriscam a ficar sem rendimentos; se a ameaça de falência resulta de a instituição ter compromissos que não pode satisfazer apenas por dificuldades de tesouraria, resultantes da perda de confiança generalizada, que leva bancos a não emprestarem uns aos outros, então a injecção de liquidez por parte dos bancos centrais pode resolver a questão; se se tratar de bancos e outras instituições financeiras que aceitam depósitos, e as dificuldades resultam de um clima de pânico que leva os depositantes, em grande número, a tentarem levantar o seu dinheiro, então, o que está indicado é uma injecção de liquidez e uma garantia adicional por parte das autoridades relativamente aos depósitos para acalmar os depositantes e reverter o clima de pânico.

Injecção de liquidez e garantia de depósitos são pois a primeira linha de actuação para evitar o contágio da economia real que resultaria da redução do crédito provocada por falências de instituições financeiras e pelo clima de desconfiança. Mas é essencial também descer a taxa de juro para evitar que o maior risco de crédito faça aumentar o juro cobrado pelos bancos às empresas e às pessoas e, ao mesmo tempo, permita descomprimir a situação financeira das empresas e das famílias endividadas.

Se mesmo assim não for possível evitar o contágio da economia real, então a arma que resta para tentar evitar que esse contágio, que se traduz numa recessão, se transforme numa depressão profunda e duradoura é a política orçamental.

A política orçamental deve ser accionada de forma a fazer impulsionar a procura interna através do aumento da despesa pública, eventualmente complementado por uma redução de impostos.

É nesta fase que estamos actualmente. Foram accionados na Europa em geral e também em Portugal os mecanismos de expansão orçamental. Mas a verdade é que a economia real foi contagiada, estamos em recessão e não sabemos se as políticas orçamentais serão suficientes para evitar a depressão.

A actuação das instituições europeias no combate à crise

Se olharmos agora para o que foi a actuação das autoridades europeias desde que a crise se desencadeou em 2007, encontramos uma confrangedora incompetência, resultante do dogmatismo prevalecente na actuação das instituições públicas e que levou a uma má avaliação da situação.

Assim – e isto é o pior de tudo – aconteceu com o Banco Central Europeu (BCE), que começou a injectar liquidez no final de 2007, o que significa que actuou no combate à crise. No entanto, em vez de descer a taxa de juro, como estava indicado, pelo contrário aumentou ainda mais a taxa de juro durante 2008, só a descendo muito para o final do ano, criando assim as condições para uma recessão na Europa e contribuindo para o agravar da especulação cambial contra o dólar e até, através desta, para a especulação com o preço do petróleo que em grande parte reagiu à queda do dólar.

A Comissão Europeia, por seu turno, amarrada ao seu dogmatismo contra a utilização da política orçamental para expandir a economia, só veio a admitir a sua utilização para impulsionar a actividade económica poucas semanas atrás, quando os indicadores de recessão já eram indesmentíveis.

E os governos europeus, não contentes com durante muito tempo anunciarem que o problema era dos Estados Unidos e não da Europa, estiveram quase um ano e meio sem fazer rigorosamente nada para combater a crise.

É difícil encontrar um leque mais acabado de partilha de incompetências. Se a Europa entrar em depressão bem pode agradecê-lo à incompetência das suas instituições, que já foram responsáveis em grande parte pela entrada em recessão.

Note-se, entretanto, que os Estados europeus, ao assumirem as garantias que têm assumido em relação ao sistema financeiro, estão a criar uma situação de risco para eles próprios. De facto, hoje, na União os Estados-membros não podem ser financiados através da emissão monetária. Por isso, se tiverem de se substituir aos devedores, terão de emitir dívida pública adicional para poderem honrar as garantias que prestaram. Porém, se os potenciais tomadores da dívida considerarem que os Estados se estão a endividar demais, poderão retrair-se e tornar muito difícil a colocação dessa dívida, podendo o Estado entrar em bancarrota. Isto levanta a questão, que abordaremos adiante, da necessidade de admitir o financiamento ao menos parcial dos Estados através de emissão monetária.

As instituições do futuro

Estou convencido de que esta crise se vai transformar numa oportunidade para mudar as instituições filhas do neoliberalismo, quer a nível mundial quer a nível europeu.

O essencial será garantir que não possa mais acontecer o que tem sucedido desde os anos oitenta e que se traduz em políticas económicas que se tornam reféns dos mercados financeiros.

Este aspecto é particularmente grave no que respeita ao emprego. No contexto que tem vigorado, um governo que queira seguir uma política expansionista para combater o desemprego é imediatamente penalizado pelo mercado através de uma especulação contra a sua moeda e um aumento das taxas de juro.

Se for na zona euro, uma diminuição significativa do desemprego leva o BCE a elevar a taxa de juro. Isto tem de ser interrompido. Será necessário, para isso, e em primeiro lugar, criar duas instituições mundiais que substituam o Fundo Monetário Internacional.

Uma delas deveria ser uma instituição que controlasse os mercados financeiros e proibisse que os bancos e outras instituições financeiras aplicassem o dinheiro dos depositantes e investidores em produtos de risco. Deveria apoiar as instituições de supervisão nacionais e certificar agências públicas de *rating*, que deveria ser uma actividade vedada ao sector privado. Ao mesmo tempo, os *offshore* deveriam ser eliminados.

A outra instituição deveria ter como foco os mercados cambiais e ser dotada de meios suficientes de intervenção (incluindo a eventual imposição de uma taxa sobre movimentos especulativos de capitais de curto prazo) para intervir naqueles mercados de forma a garantir não uma total fixidez das taxas de câmbio, mas que os movimentos destas reflictam a real situação da competitividade de cada país e não os movimentos especulativos.

A nível da Europa, a actuação desastrada já referida dos diversos tipos de autoridades aconselha, além disso, o seguinte: a alteração dos estatutos do BCE no sentido de colocar, nos objectivos da política monetária, o emprego e o crescimento económico ao mesmo nível do combate à inflação, e ainda de reduzir a sua independência; a autorização de financiamento monetário dos défices públicos para acorrer a situações de crise; a alteração do Pacto de Estabilidade e Crescimento atribuindo às políticas orçamentais dos Estados-membros a faculdade de serem usadas de forma expansionista para combater o desemprego; finalmente, é necessário encontrar um sistema para possibilitar que os Estados com défices persistentes da balança de pagamentos possam aplicar medidas excepcionais, derrogando, se necessário e temporariamente, as leis da concorrência e das ajudas de Estado para poderem combater esse défice.

Será tudo isto uma utopia? Talvez não. Dependerá da forma como as opiniões públicas souberem libertar-se da intoxicação neoliberal que, desde os anos oitenta, constantemente as atingiu.

AS DEBILIDADES DA RESPOSTA EUROPEIA À CRISE ECONÓMICA

RICARDO PAES MAMEDE

A combinação de um sistema financeiro desproporcionadamente grande e desregulado, uma acumulação de desequilíbrios macroeconómicos globais, níveis de endividamento crescente de famílias e empresas e uma atitude de desresponsabilização das autoridades na supervisão dos mercados conduziram àquela que é já a crise económica mais grave desde a Segunda Guerra Mundial. O colapso de várias instituições financeiras a partir do início de 2008 rapidamente se reflectiu em crescentes dificuldades de acesso ao crédito, acelerando a quebra do investimento e do consumo a uma escala internacional. A economia entrou numa espiral descendente: a diminuição do investimento, do consumo e das exportações acentuou a diminuição da produção, provocando o aumento do desemprego; isto agravou a situação financeira dos agentes económicos, aumentando o risco de crédito e, logo, as restrições na concessão de empréstimos. O resultado esperado de um processo desta natureza é uma crise prolongada, caracterizada pela contracção das economias e pelo aumento acentuado do desemprego e da pobreza.

Segundo as previsões de Abril do Fundo Monetário Internacional (FMI) ([1]), as economias mais ricas vão registar em 2009 quebras no produto interno bruto (PIB) de que não há memória recente: -3,8% nos Estados Unidos (EUA), -4,2% na Zona Euro, -6,2% no Japão. Nas economias emergentes espera-se um forte abrandamento do crescimento económico

([1]) *World Economic Outlook*, FMI, Abril de 2009.

(de 6,1% em 2008 para 1,6% em 2009). A quebra da produção sente-se fortemente no desemprego, o qual poderá atingir mais de 10% da população activa, ainda este ano. Para Portugal, o FMI prevê (para já) uma queda de 4,1% no PIB e uma taxa de desemprego de 9,1% em 2009. De acordo com as estimativas do Banco Mundial, o número de pobres irá aumentar em 53 milhões em todo o mundo.

Num contexto de paralisação do investimento e do consumo privados, a intervenção do Estado tornou-se indispensável para diminuir os impactos sociais da crise e ajudar a relançar as economias. Os detalhes dessa intervenção – as formas que assume, os momentos, os montantes – variam de caso para caso e são eles que, em última análise, irão ditar o sucesso de cada programa nacional de combate à crise.

Mas o grande desafio que se coloca na actualidade respeita à coordenação de políticas a nível internacional. Na verdade, se a actual crise difere qualitativamente dos inúmeros colapsos financeiros que ocorreram nas últimas três décadas (a crise da dívida dos países em desenvolvimento de 1982, o *crash* da bolsa de Nova Iorque de 1987, o colapso do sector das poupanças e empréstimos dos EUA em 1989, a crise bancária dos países escandinavos no início da década de 1990, a crise japonesa ao longo de toda essa década, a crise do sistema monetário europeu em 1992-1993, a crise do México de 1994-1995, a crise asiática de 1997, as crises na Rússia e no Brasil em 1998, o colapso das acções das empresas tecnológicas em 2000, para referir apenas as mais importantes), essas diferenças prendem-se com a extensão internacional da crise actual (a qual afectou praticamente todas as economias do mundo) e com a enorme incerteza associada à falta de transparência das práticas financeiras que dominaram os mercados nos últimos anos (o que torna extremamente difícil detectar as fontes dos problemas e, por conseguinte, pôr em práticas as medidas necessárias para os resolver). A resposta a uma crise com estas características tem de passar, necessariamente, por um esforço concertado dos vários governos nacionais, não apenas na utilização de recursos financeiros para estimular a economia mas também na adopção de medidas que visem reestruturar o sector financeiro nos diferentes países.

O contraste entre o elevado nível de interdependência das economias mundiais e a debilidade dos mecanismos de coordenação global das políticas económicas constituiu um sério obstáculo no combate à crise. As dificuldades que se colocam na construção de uma acção concertada a nível internacional ficaram patentes na reunião do G20, realizada em Londres no início de Abril: o clima de optimismo que os líderes políticos aí presentes tentaram transmitir disfarçou mal as dificuldades em chegar a entendimentos quanto ao esforço financeiro a realizar por cada país no estímulo à actividade económica ou às iniciativas que visam reestruturar e aumentar a transparência do sistema financeiro ([2]).

Mas as dificuldades de coordenação na resposta à crise não se colocam apenas ao nível intercontinental. A União Europeia, em particular, tem revelado uma enorme incapacidade de dar uma reposta atempada e decisiva à crise.

Desorientação e descoordenação na UE

Um dos momentos desafortunadamente caricatos que ficará para a história da actual crise foi protagonizado pelo Banco Central Europeu (BCE), na sua decisão de subir as taxas de juro de referência para 4,25% em Julho de 2008 – um ano depois do início da crise do *subprime* e quando as implicações da crise financeira para o conjunto da economia eram já visíveis. Como noutros momentos, o BCE pôs o objectivo do controlo de inflação acima de todas as considerações, fragilizando ainda mais uma economia à beira da ruptura. Embora a realidade tenha acabado por impor-se ao fundamentalismo dos seus responsáveis, levando à descida sucessiva das taxas de

([2]) Ver Laurent Cordonnier, «Remendos no "Titanic" da finança global», *Le Monde diplomatique – edição portuguesa*, Abril de 2009.

juro a partir do Verão, o banco de Frankfurt manteve uma atitude muito mais relaxada face à crise do que a maioria dos restantes bancos centrais, revelando a sua propensão recorrente para menorizar os riscos deflacionistas – aumentando assim a pressão recessiva sobre as economias europeias e a exposição da UE aos riscos de uma recessão prolongada.

As debilidades europeias ficaram também patentes no tempo que demorou até que os governos da UE se entendessem quanto às medidas a adoptar: só no final de 2008 houve um acordo sobre essas medidas, muitas das quais só começarão a ser implementadas no final de 2009 e em 2010, adiando assim o estancar da espiral descendente da crise. Como se não bastasse, também aqui o esforço europeu é modesto: estima-se que os recursos orçamentais mobilizados especificamente para este fim no conjunto dos países da UE correspondam a 0,9% do PIB em 2009 ([3]), muito abaixo do valor de 2% aconselhados pelo FMI e utilizados pelo governo dos EUA só em 2009. Perante as críticas internacionais, alguns responsáveis políticos europeus apressaram-se a responder que o sistema de protecção social na Europa implica a mobilização automática de recursos a níveis incomparáveis com os dos EUA e de outras economias. De facto, a existência de subsídios de desemprego e outras transferências sociais relativamente generosas, bem como de taxas de imposto superiores ao que se verifica noutros países, implicam que o abrandamento da actividade económica e o crescimento do desemprego conduzam automaticamente a um aumento significativo do esforço orçamental dos Estados europeus. Por outras palavras, o que ainda existe de «Estado Social Europeu» está a contribuir efectivamente para minimizar os efeitos da crise. No entanto, feitas as contas, o contributo desses «estabilizadores automáticos» para o combate à crise não deverá ultrapassar 0,2% do PIB, mantendo a

---

([3]) David Saha e Jakob von Weizsäcker, «Estimating the Size of the European Stimulus Packages for 2009: An Update», Bruegel Policy Contribution, 2009.

UE ainda muito distante dos níveis de esforço observados noutros contextos (4).

Além dos montantes modestos, as debilidades da resposta europeia à crise também se reflectem no tipo de medidas postas em prática. Sendo as medidas específicas decididas ao nível de cada Estado, elas tendem a ser dirigidas a sectores de actividade que garantam que o esforço financeiro empreendido permaneça tanto quanto possível dentro das fronteiras nacionais. Na prática, isto significa que o estímulo público beneficia principalmente os sectores produtores de bens e serviços não-transaccionáveis – com destaque para as actividades de construção – quando são precisamente os outros sectores – aqueles mais directamente envolvidos nas trocas comerciais, em especial a indústria transformadora – os que mais sentem os efeitos da crise internacional.

Finalmente, a UE tem-se revelado incapaz de dar resposta às crescentes dificuldades de financiamento dos Estados em condições mais débeis. Independentemente do esforço que cada Estado tenha desenvolvido nos anos recentes no sentido de garantir a sustentabilidade das suas contas públicas no longo prazo, a actual crise tende a afectar mais negativamente as economias com estruturas produtivas mais frágeis. Um dos mecanismos que mais contribuem para essas dificuldades tem a ver com as condições de financiamento dos programas públicos de combate à crise: para aumentar as despesas públicas num momento em que as receitas fiscais estão em queda, os Estados precisam de encontrar fontes alternativas de recursos. Alguns países que mantêm uma moeda própria têm vindo a produzir moeda como forma de financiar o esforço público actual – é o caso dos EUA e do Reino Unido. No entanto, esta é uma opção que está vedada aos países que aderiram ao euro, os quais abdicaram do controlo sobre a emissão de moeda. Para estes países, a única forma de financiar as medidas anticrise consiste em contrair empréstimos junto dos mercados

---

(4) *Idem.*

internacionais. No entanto, a crise financeira provocou uma quebra muito substancial da liquidez disponível, implicando não apenas um aumento dos custos do crédito, mas também uma redução dos montantes concedidos e uma maior selectividade dos empréstimos. Neste contexto, não são só as famílias e as empresas que enfrentam dificuldades crescentes na satisfação das suas necessidades de liquidez; também os Estados se confrontam com este tipo de restrições, limitando assim a eficácia das medidas anticíclicas.

Por exemplo, os juros que o Estado português oferecia pelas obrigações do Tesouro que emite para financiar o défice público eram 0,9 pontos percentuais superiores às do Tesouro alemão em finais de Dezembro; em meados de Março essa diferença tinha já aumentado para 1,53 pontos percentuais; tendências semelhantes têm sido observadas para a generalidade dos países cujas economias se apresentam mais vulneráveis a esta crise. A consequência disto é o agravamento da situação nas economias mais frágeis – quanto mais grave é a crise, maior é o risco de emprestar dinheiro a esses Estados, logo piores são as condições de obtenção de crédito para financiar as despesas públicas, logo menor é o espaço para os Estados apoiarem a recuperação económica, logo... mais grave é a crise. A disponibilidade dos responsáveis europeus para encontrar mecanismos que quebrem este ciclo de degradação das condições económicas – que, em última análise, prejudicam o desempenho económico de todo o continente – tem sido inversamente proporcional ao zelo com que os ministros das Finanças e a Comissão Europeia nos habituaram no controlo das finanças públicas dos Estados-membros.

Estando limitado o recurso ao Orçamento do Estado para combater a crise nos países mais vulneráveis – e não existindo qualquer alternativa ao nível da União Europeia – é de esperar que aumente a tentação dos governantes no sentido de procurarem estimular a produção nacional através da contenção dos salários e/ou reduzindo os impostos e as taxas contributivas pagas pelas empresas. No entanto, há fortes probabilidades que tais medidas contribuam mais para aprofundar a crise do que para a atenuar: a redução dos salários deprime ainda mais a procura, acentuando a dificuldade de escoamento da produção; a redução dos impostos e das contribuições aumenta as dificuldades financeiras dos Estados, reduzindo a capacidade destes para colmatarem a quebra do consumo e do investimento privados; e a adopção deste tipo de medidas por vários países tem como resultado a redução geral dos preços sem impactos na competitividade e uma redução da procura global.

As origens das debilidades europeias

As debilidades na resposta europeia à crise derivam em parte da ideologia liberal-conservadora que continua a orientar a grande maioria dos responsáveis políticos europeus, não obstante o falhanço deste sistema de pensamento que a presente crise evidencia. É difícil encontrar outra explicação para as hesitações reveladas pelo BCE ao longo dos últimos meses, ou para a constante recusa por parte dos responsáveis de alguns governos (a começar pelo alemão) em criar mecanismos que contrariem a crescente dificuldade de financiamento dos Estados sem moeda própria (como, por exemplo, a ideia de uma emissão conjunta de obrigações de Tesouro a nível europeu).

No entanto, mais grave do que a resistência ideológica de alguns dirigentes à tomada de medidas anticíclicas mais agressivas é a existência de uma arquitectura institucional ao nível da UE que se revela largamente desadequada para enfrentar situações de crise como a actual ([5]). Essa arquitectura, construída de forma a impor o modelo neoliberal à escala continental, constitui hoje o maior risco para a viabilidade futura do projecto de integração europeia.

([5]) Para uma análise crítica da arquitectura de governo económico ao nível da União Europeia ver João Rodrigues e Ricardo Paes Mamede, «Neoliberalismo e crise do projecto europeu», *Le Monde diplomatique – edição portuguesa*, Julho de 2007 (http://pt.mondediplo.com/spip.php?article141).

PARA LÁ DA ECONOMIA-2012

João Rodrigues e Nuno Teles

Muitos economistas falam como se tivessem tido acesso à profecia que proclama o fim do mundo em 2012; profecia que se concretiza num cinema perto do leitor, cortesia de Hollywood. A radiografia da cena intelectual portuguesa, feita pelo filósofo João Cardoso Rosas, aplica-se-lhes na perfeição: «Para nós o tempo tem um sentido, ou seja, decorre entre um qualquer alfa e um ómega final. Se, em certos momentos de optimismo social, o ómega é vivido como utopia, noutros é experienciado como apocalipse» (1).

O apocalipse económico está mais na moda, mas curiosamente este é anunciado pelas mesmas vozes, as que quase monopolizam o debate público, que até ao início da grande crise do capitalismo neoliberal, em 2007, tinham participado activamente na grande utopia de mercado que nos levou até ao actual desastre económico português e internacional: um processo de integração económica marcado, entre outras coisas, pela liberalização financeira, por políticas públicas que fragilizaram o mundo do trabalho e por uma desatenção às necessidades dos sectores industriais.

Reduzir os salários?

A análise dos economistas-2012 tem sido focada numa mão-cheia de dados macroeconómicos sobre a economia portuguesa. A par da obsessão com o «peso» do Estado, a falta de

(1) Jornal *i*, 3 de Dezembro de 2009.

competitividade externa da economia portuguesa é um dos temas recorrentes entre a opinião publicada. Se a falta de competitividade é um facto, as análises convergem na atribuição desta aos crescentes custos laborais. Os salários em Portugal, ainda que dos mais baixos a nível europeu, seriam demasiado elevados. Neste ponto, o economista Vítor Bento, novo conselheiro de Estado nomeado por Cavaco Silva, destacou-se pela proposta de corte salarial generalizado de forma a promover as exportações nacionais. No seu livro, Vítor Bento compara a evolução dos custos unitários de trabalho nominais entre 1999 e 2007 na zona euro: Portugal aparece como um dos países onde estes custos mais cresceram desde a adesão ao euro, a par da Espanha e da Grécia e atrás da Irlanda ([2]). No entanto, as diferentes taxas de inflação não são levadas em conta. Se o fossem, através do cálculo dos custos unitários do trabalho reais, observaríamos um decréscimo durante o mesmo período. O que esta diferença nos mostra é que, desde então, a repartição do rendimento entre capital e trabalho foi favorável ao primeiro, sinónimo do aumento da desigualdade, uma das mais altas da Europa. A causa dos diferenciais nos custos de trabalho não está, pois, no dinamismo da evolução salarial face aos restantes custos, mas sim na subida generalizada dos preços acima da média europeia.

Por outro lado, importa perceber quais os efeitos da prescrição do corte salarial e do mais eloquente congelamento do salário mínimo. Se a receita aponta para cortes generalizados nos salários nominais, o objectivo consiste na redução dos salários mais baixos, já que são estes os predominantes nos sectores que se pretende dinamizar, as indústrias exportadoras nacionais (por exemplo, os têxteis e o calçado). O elevado número de trabalhadores pobres engrossaria, o consumo interno (variável mais resistente no actual contexto de recessão) cairia e a crónica ineficiência de alguns dos sectores indus-

---

([2]) Vítor Bento, *Perceber a Crise para Encontrar o Caminho*, Bnomics, Lisboa, 2009.

triais sairia premiada. Acresce ainda que nada garante uma saída da crise pelas exportações num contexto em que a generalidade dos países siga por este caminho de cortes salariais generalizados e de contenção da procura interna, estratégia aliás facilitada pelo presente aumento do desemprego, poderoso mecanismo disciplinador das classes trabalhadoras. O que parece ter racionalidade (duvidosa) para cada país – promover as suas exportações por via da compressão dos custos relativos do trabalho e conter o consumo interno – gera um resultado global irracional sob a forma de um mercado interno europeu desequilibrado e contraído por um défice permanente de procura.

Através de uma análise estatística superficial e de prescrições simplistas, ignoram-se assim as raízes do problema. Se, de facto, Portugal perdeu competitividade externa nos últimos anos, tal deve-se não às reivindicações dos trabalhadores, mas sim a uma entrada deficiente na moeda única, o euro: a chamada convergência nominal, no quadro da aceleração liberal da integração europeia, contribuiu para uma duradoura sobre-apreciação da nossa moeda, que se prolongou com o euro. Esta opção enfraqueceu a competitividade do sector de bens transaccionáveis para exportação num período crucial e canalizou muito do esforço empresarial para o sector de bens não-transaccionáveis, como foi o caso da construção.

Os países da zona euro têm a mesma política monetária, mas diferentes realidades económicas. Nos anos que precederam o euro assistiu-se a uma convergência das diferentes taxas de inflação, devido aos critérios de adesão. No entanto, a partir da criação da moeda única as taxas de inflação começaram a divergir nos países aderentes. Esta insustentável miopia resultou de um entendimento estreito, partilhado pelos economistas convencionais, da exclusiva determinação da taxa de inflação pela política monetária do Banco Central Europeu (BCE). O resultado foi a degradação da estrutura de custos das economias com maiores taxas de inflação em relação às restantes.

A moeda única foi instituída sem a necessária coordenação no campo das restantes políticas de integração económica, simbolizada num orçamento comunitário residual, que não permite uma política europeia de redistribuição e de investimento contracíclico, na ausência de políticas fiscais, salariais e sociais convergentes e na impossibilidade de emissão de dívida pública europeia, o que seria o corolário lógico de um processo de integração monetária. A exigência de uma reconfiguração da política económica europeia tem, pois, que estar nos programas de quem pretende ultrapassar a crise no nosso país.

Os superávites de uns são os défices de outros...

Outro dos problemas recorrentemente invocados pelos economistas-2012 e pelos partidos da direita, o crescente endividamento externo associado a um défice da balança corrente, encontra as suas causas estruturais nos mesmos mecanismos atrás mencionados. Se, por um lado, o acesso ao crédito nos mercados financeiros foi facilitado pela adesão à moeda única, por outro, os crescentes diferenciais de custos na zona euro, aliados a uma estratégia do capital nacional – facilitada por políticas públicas erradas, de captura de sectores não expostos à concorrência externa (construção civil, distribuição, saúde, etc.) –, contribuíram para um galopante défice externo, traduzido em endividamento crescente. Contudo, se o endividamento é o resultado do comportamento dos agentes privados nacionais que data de há vários anos, o discurso dominante, numa mistificação que confunde amiúde endividamento externo com dívida pública, aponta os recentes esforços resultantes da crise internacional, traduzidos no aumento do défice orçamental (e logo da dívida pública), como responsável pelos nossos problemas.

Nesta tarefa política de transformação das consequências em causas, os economistas-2012 são auxiliados pelas inenarráveis agências de notação internacionais. Depois de terem ajudado a preparar a crise financeira com as suas avaliações laxistas dos títulos baseados no crédito imobiliário, cortam a notação da dívida pública emitida pelos governos, tornando mais difícil e oneroso o financiamento público e a saída da crise. O seu necessário desmantelamento e substituição por agências públicas internacionais de avaliação é bloqueado: fazem parte das estruturas de constrangimento criadas por décadas de hegemonia neoliberal e que se destinam a enviesar as políticas públicas.

Mais uma vez a prescrição, proposta por estas agências e repetida pelos economistas-2012, é o corte cego da despesa pública sem que se perceba claramente como seria reduzido o endividamento externo. Ou melhor, existe um único mecanismo credível neste processo: o efeito depressivo na restante economia, afectando todos os agentes económicos, de um corte da despesa e do investimento públicos. O endividamento externo, entendido como constrangimento futuro do nosso crescimento, seria paradoxalmente resolvido através da contracção presente do produto nacional. Dados os duradouros efeitos negativos na capacidade produtiva nacional de tal contracção, a destruição seria muito pouco criadora.

A resposta à fraca competitividade nacional, na origem dos nossos problemas mais estruturais, só pode ser elaborada através de uma efectiva reconversão industrial, focada nos bens transaccionáveis (exportáveis), prosseguida através de políticas públicas de protecção comercial e de incentivo aos sectores tecnologicamente mais avançados, apoiadas num acesso a preços controlados a bens essenciais às indústrias que queremos promover (crédito, energia, serviços públicos). Por outro lado, e seguindo a preciosa indicação do economista James Galbraith, é preciso sublinhar que regras laborais exigentes, que reforcem os *standards* laborais, os contrapoderes sindicais e a negociação colectiva centralizada, ou regras ambientais avançadas, que impeçam a transferência de custos sociais para a comunidade, são armas de reconversão industrial que beneficiam os sectores mais produtivos e competitivos ([3]). Este resultado requer necessariamente a requalificação e valorização do factor trabalho, traduzida em melhores salários.

Do investimento à fiscalidade, há tanto para fazer

Neste esforço, a União Europeia poderia desempenhar um papel decisivo. É urgente a criação de arranjos institucionais europeus que reduzam as assimetrias entre as diferentes economias e corrijam a existência crónica de brutais excedentes externos de certos países, como a Alemanha, face aos países cronicamente deficitários. Caso contrário, não só a moeda única, como também o próprio projecto europeu, estarão condenados ao fracasso.

As políticas necessárias exigem mudanças profundas que vão muito para lá do que foi aprovado no Tratado de Lisboa: da modificação dos estatutos do BCE, de forma a que leve em linha de conta o emprego e a necessidade de uma política cambial competitiva, à possibilidade de se instituírem mecanismos de controlo de capitais e de protecção comercial entre a União Europeia e outros espaços, sobretudo aqueles que não respeitem regras mínimas em matéria de regulação financeira, ambiental e laboral, até à suspensão das regras da concorrência para que economias menos avançadas e muito dependentes, como a portuguesa, possam praticar uma politica industrial digna desse nome.

A maior crise económica desde a Grande Depressão dos anos 30 é, para os economistas-2012, um mero choque exógeno na economia portuguesa, destinado a ser ultrapassado mais cedo do que tarde. Este não seria um problema da economia portuguesa, mas sim das grandes economias mundiais. Tal atitude não mostra só miopia quanto à gravidade da actual crise, como traduz a incapacidade destes economistas de ana-

---

([3]) James Galbraith, *The Predator State*, Free Press, Nova Iorque, 2008.

lisar as causas da crise e as formas de a ultrapassar. No caso português, a atenção é exclusivamente dedicada aos problemas que vêm de trás, nomeadamente à estagnação económica da última década, e para os quais estes economistas contribuíram decisivamente com as suas prescrições de flexibilização, ou seja, de criação de condições para fazer com que sejam os trabalhadores e a comunidade a ajustarem-se às supostas necessidades da economia.

É certo que a estratégia de recuperação da economia portuguesa deve ter em atenção os problemas estruturais. No entanto, o papel da presente crise não pode ser menorizado. Se o colapso do sistema financeiro global parece ter sido evitado, a recuperação da economia global está longe de ser uma realidade. As fontes de um crescimento económico sustentável e durável estão longe de ser identificadas. O Estado deve, pois, paralelamente à reconstrução de um sistema financeiro realmente útil à economia, assegurar que as políticas fiscal e monetária expansionistas continuem a desempenhar o seu papel de dinamização da economia e do emprego. Como assinalava a economista Christina Romer, actual líder do Council of Economic Advisors da administração de Barack Obama, uma reversão destas políticas públicas pode resultar num prolongamento da recessão, tal como aconteceu em 1937 nos Estados Unidos ([4]). Então, animada pela recuperação do crescimento económico, a Reserva Federal promoveu uma política de restrição da expansão monetária junto do sistema bancário de forma a controlar potenciais aumentos da taxa de inflação. Contudo, a memória da depressão ainda estava fresca e os bancos reagiram, aumentando as suas reservas voluntárias e reduzindo o crédito. O resultado foi o prolongamento da Grande Depressão.

As estratégias de dinamização da economia através do investimento público são, por isso, responsabilidade de todos os países. Portugal não pode furtar-se. No entanto, a direcção

---

([4]) *The Economist*, Londres, 18 de Junho de 2009.

do investimento e as suas formas de financiamento devem ser adaptadas à realidade nacional. O esforço do Estado deve dirigir-se à promoção dos sectores potencialmente mais competitivos da economia internacional. Assim, as promessas de uma reconversão «verde» da economia apresentam-se como uma formidável oportunidade para não só desenvolver uma economia livre de carbono como também reduzir o nosso défice energético e, sobretudo, criar sectores industriais exportadores, tecnologicamente avançados.

Esta mudança também passa por transformações de fundo no regime fiscal e nas instituições que enquadram as relações laborais e por maior solidez política à medida que aumentar o seu grau de coordenação à escala europeia. Só assim se bloqueará a chantagem da fuga dos capitais e se ganhará autonomia para fazer o que tem de ser feito: do aumento da progressividade do sistema fiscal à taxação das transacções financeiras e dos consumos conspícuos e ambientalmente insustentáveis, passando pelo reforço da determinação, em sede de concertação social, das normas salariais, de forma a gerar uma distribuição mais igualitária dos rendimentos antes de impostos. As reformas necessárias requerem assim imaginação institucional, capacidade de forjar coligações políticas amplas e princípios realistas, ou seja, princípios compatíveis com o melhor conhecimento disponível. Para isso temos de superar a economia-2012 e as suas insustentáveis oscilações entre a utopia e o apocalipse.

PIIGS *VERSUS* FUKD: DILEMAS DO PENSAMENTO ECONÓMICO PROVINCIANO

João Pinto e Castro

É a situação financeira portuguesa comparável à da Grécia? Mais do que responder-lhe directamente – não é –, importa compreender que ambas, e também as da Espanha, da Irlanda e da Itália, têm causas comuns. Nesse sentido, tendo em conta o peso conjunto dos países envolvidos, não estamos perante um problema português, estamos perante um problema europeu.

Nas origens da presente situação encontra-se o desenho do sistema monetário europeu, cujas deficiências são hoje quase universalmente reconhecidas. Mas, se o consenso crítico é novo, não o são as objecções, expressas a tempo e horas por muitos e reputados economistas, com destaque para os norte-americanos Robert Mundell e Paul Krugman e, entre nós, para João Ferreira do Amaral. Sustentavam eles, já então, que as disparidades entre os diversos países componentes da zona euro ameaçavam criar mais e não menos instabilidade monetária e financeira.

A essas críticas responderam na altura os políticos do velho continente e a Comissão Europeia com uma mão-cheia de estudos argumentando que o euro traria substanciais ganhos de crescimento, comércio externo e emprego.

As dificuldades desde muito cedo experimentadas por Portugal deveriam ter funcionado como sinal de alerta. Em vez disso, recorreu-se a justificações *ad hoc* de carácter predominantemente moralista, tendentes a culpar o comportamento supostamente irresponsável dos consumidores e do Estado.

Ora, o que se passou em Portugal era perfeitamente previsível à luz da mais elementar teoria económica: baixando rapidamente os juros, aumentou como consequência directa e imediata o endividamento dos particulares, das empresas e do Estado, ao mesmo tempo que baixava a poupança interna. Rareando a poupança interna, os bancos foram buscá-la ao exterior, daí resultando o rápido crescimento do endividamento externo. Tudo muito simples e fácil de entender.

Como se isso não bastasse, um outro choque externo de grandes proporções afectou quase em simultâneo a economia portuguesa: a entrada em força das exportações chinesas na Europa, complementada pelo livre acesso ao mesmo mercado dos países do Leste. Sabe-se que essa circunstância afectou de modo desigual os países da União Europeia – menos os mais desenvolvidos, mais os da periferia económica e geográfica.

Mercê de uma estrutura económica frágil e pouco qualificada, a indústria portuguesa viu-se quase de um dia para o outro a competir com concorrentes chineses com custos laborais muito mais baixos e soçobrou. A Grécia sofreu menos de imediato, dado o grande peso que na sua economia têm os serviços ligados aos transportes marítimos e ao turismo e a sua fraca integração comercial na União Europeia. A Espanha, pelo seu lado, beneficiou transitoriamente de um brusco afluxo de capitais do Norte da Europa dirigidos ao imobiliário de vocação turística. Mas o problema de base estava lá, à espera de revelar-se.

O caso português é também sintomático na medida em que confirmou a impossibilidade em que os países europeus vítimas de choques assimétricos se encontravam de reagir adequadamente. A fraca competitividade nacional não tem uma solução simples, muito menos rápida. Trata-se de qualificar as empresas e os trabalhadores de molde a habilitá-los a competirem em condições muito vantajosas, um esforço que só em finais da primeira década do século começou a produzir resultados visíveis, mas insuficientes. Entretanto, o défice externo conduziu ao aumento da dívida do país ao estrangeiro.

Ora, a integração na zona euro privou Portugal de instrumentos de política económica que o ajudassem a reagir às suas dificuldades. Não dispomos de política monetária própria, visto que não controlamos nem a quantidade de moeda em circulação nem a taxa de juro, nem a taxa de câmbio, e a própria política orçamental encontra-se fortemente condicionada pelo impropriamente chamado Pacto de Estabilidade e Crescimento.

Tem-se falado muito do ganho de competitividade que Portugal poderia obter desvalorizando a sua moeda (se acaso ainda tivesse uma), mas a verdade é que isso apenas lhe permitiria ganhar algum tempo enquanto completa o processo de modernização da sua estrutura económica. Mas parece evidente que a taxa de juro deveria ser mais alta para podermos estimular a poupança e dissuadir o consumo excessivo. Nestas circunstâncias, alguns economistas trocam a discussão racional da política económica por sermões moralistas, antecipadamente votados ao fracasso, a favor da moderação e dos bons costumes.

Esta experiência de impotência nacional causada pelo modo como o sistema monetário europeu foi concebido e implementado, que nós temos vivido ao longo da última década, é agora partilhada pelo conjunto dos países europeus depreciativamente designados por PIIGS, em inglês (Portugal, Irlanda, Itália, Grécia, Espanha). Mas é indispensável entender-se que a crise mundial apenas agravou o problema, não o criou.

Vivemos desde a última metade do ano passado a segunda fase da crise económica mundial revelada no fatídico mês de Agosto de 2007. O pior parece ter sido evitado a partir do momento em que intervenções maciças dos governos permitiram deitar a mão a sistemas bancários à beira do colapso e estimular a procura intervindo em sectores e empresas e lançando investimentos públicos de emergência.

Um a um, os países começam a sair da recessão técnica, mas o crescimento permanece anémico e o desemprego não interrompeu a sua marcha ascendente. Em resumo, a situação permanece crítica e o paciente não está em condições de sair dos cuidados intensivos.

Eis, porém, que por todo o mundo se ergue um coro de protestos contra o rápido crescimento do endividamento dos Estados e uma exigência de medidas urgentes para controlar a situação. Em resposta, Obama anunciou um programa de drástica redução da despesa pública nos Estados Unidos até ao final do seu mandato, ao mesmo tempo que a Comissão Europeia impôs aos membros da zona euro uma rápida contracção dos défices registados em 2009.

O centro das atenções deslocou-se, assim, para o problema das dívidas de países (também chamadas dívidas soberanas). As primeiras vítimas foram pequenos países europeus exteriores à zona euro, a começar pela Islândia, vítima de um verdadeiro acto de pirataria moderna. Seguiram-se-lhe a Lituânia e a Hungria, onde a União Europeia e o Banco Central Europeu orquestraram intervenções discretas e rápidas a instâncias dos bancos credores.

Com a Grécia, porém, o drama deslocou-se para o interior da zona euro. Ignora-se ao certo qual foi o défice das contas públicas gregas em 2009 e nos anos anteriores, mas ninguém duvida que foi enorme e que está descontrolado. A União Europeia quer a todo o custo que desça para os 3 por cento no prazo de quatro anos, uma tarefa decerto impossível. Declarações de políticos europeus irresponsáveis e de especuladores interessados na subida do juro da dívida grega lançaram de novo o pânico nos mercados financeiros internacionais, com reflexos imediatos nas bolsas de todo o mundo.

Se a Grécia tivesse uma moeda própria, recorreria sem dúvida à política cambial e ao ajustamento da taxa de juro directora para começar a corrigir a situação. Como está amarrada ao euro, exige-se-lhe que ponha ordem na casa ao mesmo tempo que se lhe proíbe que o faça. Acresce não estarem previstas nem no Tratado de Maastricht nem nos estatutos do Banco Central Europeu (BCE) eventuais medidas de socorro a países-membros em situações excepcionais.

Surge uma nova versão da teoria do dominó. A eventual bancarrota da Grécia aumentará a pressão sobre Espanha, Portugal e Itália e, em seguida, sobre outros países a braços com grandes desequilíbrios, tais como o Reino Unido e os Estados Unidos. Renascerão as dúvidas sobre a solvabilidade de grandes bancos, a começar pelos principais credores dos países em dificuldades.

A solução, pretendem os políticos conservadores de mão dada com os economistas ortodoxos, é inverter rapidamente a deterioração das contas públicas e regressar aos sãos princípios do equilíbrio orçamental. Quanto ao resto, argumentam, a retoma deverá basear-se na expansão do sector privado, não no investimento público.

Há aqui um perigoso paralelo com o que sucedeu na Grande Depressão dos anos 30, quando, aos primeiros sinais de estabilização, a retirada prematura dos apoios públicos à actividade económica provocou um novo e prolongado agravamento da situação. Travar bruscamente as ajudas governamentais quando tudo indica não estarem reunidas as condições para a retoma do consumo e do investimento privados é correr o risco de provocar o caos económico e político à escala mundial.

A dívida não é tudo

É necessário começar por afirmar com toda a clareza que, embora importante, a dívida não é tudo. Em primeiro lugar, o aumento do endividamento não é a causa dos problemas, mas um mero sintoma. Em segundo lugar, se o que conta é o nível da dívida em proporção do produto, uma quebra acentuada do produto pode contribuir para agravar ainda mais a situação ao contrair os recursos que permitiriam pagá-la. Em terceiro lugar, se às persistentes quebras do consumo e do investimento privado sem fim à vista somarmos a da despesa pública, o mundo pode entrar em colapso.

Todavia, não se pode negar que o endividamento, embora necessário de imediato, hipoteca as hipóteses de crescimento a longo prazo. Segundo Ken Rogoff, o crescimento de um país é seriamente afectado quando a sua dívida pública ultrapassa o patamar dos 90 por cento do produto. Mais endividamento agora implica necessariamente mais impostos no futuro, a menos que ela não seja paga ou que a inflação a desvalorize.

Não podemos sobreviver sem crescimento da dívida a curto prazo, mas tampouco podemos ter esperança num futuro risonho sem a diminuir a médio prazo. Navegando entre Cila e Caríbdis, temos que negociar habilmente a saída dos trabalhos em que nos encontramos metidos.

Grécia, Irlanda, Portugal, Espanha e Hungria, entre outros – tal como, de resto, os Estados Unidos e o Reino Unido – apostam tudo no crescimento das suas exportações para saírem da crise. Fazem bem, porque as baixas taxas de poupança e os desequilíbrios comerciais que os afligem não lhes deixam outra via para escapar à estagnação. O problema é que os principais países que exibem *superavits* persistentes e excessivos, como a China, o Japão e a Alemanha, também pensam salvar-se exportando cada vez mais. Estamos perante uma impossibilidade lógica: se alguém exporta é porque alguém importa; ao nível global é, portanto, impossível todos crescerem por essa via.

Renasce a ilusão que em 1931 alimentou o proteccionismo: desvalorizar a moeda, fechar os mercados na medida do possível à concorrência estrangeira, congelar ou baixar salários, facilitar despedimentos, reduzir a todo o custo a despesa pública, baixar impostos são outras tantas políticas que ameaçam contrair o comércio internacional e fazer a economia mundial mergulhar de novo no abismo da recessão. Se todos seguirem a receita, não haverá forma de o evitar.

Há poucas semanas, quando a crise grega atingiu o seu paroxismo e os mercados financeiros abanaram, os observadores mais ingénuos ou cegos redescobriram uma das leis fundamentais da economia, cujas origens remontam a Quesnay: a cada receita corresponde uma despesa, a cada dívida um empréstimo. Não é possível imaginar-se que a desgraça da

Grécia possa deixar de afectar os seus parceiros económicos. Se a Grécia tem problemas para pagar, quem lhe emprestou terá problemas para receber. Se o poder de compra dos gregos se esboroar, isso prejudicará as empresas e os países que satisfaziam a sua procura.

Os problemas dos PIIGS têm como reverso da medalha as aflições dos FUKD (em inglês: França, o Reino Unido, Alemanha). É de crer que, mais dia menos dia, até Angela Merkel compreenda que não é possível exportar Mercedes se não houver importadores de Mercedes. No fim, todos seremos em maior ou menor grau FUKD, seja qual for o país onde vivemos.

Repito: não há uma crise portuguesa, nem irlandesa, nem espanhola, nem grega, tampouco americana ou inglesa – mas uma crise europeia dentro de uma crise mundial. Acreditar no contrário pode servir para alimentar a politiquice interna, mas nada mais. Como Martin Wolf há semanas escreveu: «Enquanto o BCE tolerar uma procura fraca na zona euro no seu todo e enquanto os países nucleares, antes de mais a Alemanha, continuarem a manter vastos excedentes comerciais, será impossível que os membros mais fracos escapem à armadilha da insolvência. O problema deles não pode resolver-se pela mera austeridade fiscal. Precisam de uma acentuada melhoria na procura externa do seu produto.»

O provincianismo, entendido como aquela peculiar forma de miopia que consiste em ignorar o carácter global da presente crise, é, por conseguinte, o principal problema com que nos defrontamos. Decerto, Portugal necessita de conter e reduzir o seu défice público, mas com prudência e sem precipitações. Nas actuais circunstâncias, o essencial é que não sejamos ou não pareçamos demasiado mal comportados.

Todavia, não só isso não basta como nem sequer toca no essencial. A necessidade de reformar o sistema monetário europeu deve ser decididamente assumida e colocada em cima da mesa. Isso implica, desde logo, questionar os objectivos do BCE, que agora escandalosamente secundarizam o crescimento e o emprego; exigir maior transparência no seu funcionamento; e impor-lhe a obrigação de prestar contas. Em nenhum país importante possui o banco central um tal grau de independência em relação ao poder político e nenhum outro faz tão pouco caso de objectivos não especificamente monetários.

O euro não cumpriu boa parte das promessas que fez aos europeus. Não contribuiu para melhorar o crescimento económico em comparação com outros países, tal como não reduziu o desemprego. Mais surpreendentemente ainda, como faz notar Paul de Grouwe, a sua introdução não reforçou notoriamente a sincronização entre os ciclos económicos dos países membros.

Sabe-se há muito tempo que as dificuldades que as assimetrias entre países ou regiões podem criar a uma união monetária podem ser superadas através do reforço da união política.

Não faz sentido submeter os países-membros a uma rígida disciplina financeira sem, em contrapartida, instituir mecanismos europeus de apoio àqueles que enfrentem dificuldades particulares. Mas é claro que a atribuição ao centro de uma tal função redistributiva implica que a União seja dotada de um orçamento capaz de fazer face a essas situações, muito acima dos parcos recursos que hoje lhe são atribuídos e eventualmente financiado pela emissão de euro-obrigações.

Essa centralização orçamental deveria por sua vez ser acompanhada de um reforço dos poderes do Parlamento Europeu para assegurar o controlo democrático do processo político. O primado da economia será substituído pelo da política, como é de boa regra numa democracia bem formada.

As consequências destas reformas serão complexas, difíceis e profundas. Por isso mesmo, defrontar-se-ão com uma grande oposição, mas a resposta à presente crise da Europa não poderá vir senão da política europeia.

ECONOMIA E SUSTENTABILIDADE: SOBRE O PEC E O GOVERNO PROGRESSISTA DAS SOCIEDADES

JOSÉ REIS

Como é bem sabido, os anteriores Programas de Estabilidade e Crescimento (PEC) não suscitaram grande curiosidade ou debate público. Pareceram simples formalidades, isto é, cumprimento rotineiro de compromissos instituídos na altura do Pacto que fundou a União Económica e Monetária e que – salvo quando se tratava do défice das contas públicas – não mereciam especial detalhe.

A razão da controvérsia contemporânea é óbvia. Num momento como o que atravessamos, o PEC tem de ser discutido como o documento onde se deveria reflectir o pensamento necessário à definição de uma política económica de médio prazo, no contexto preciso da profunda crise que abalou as economias desenvolvidas e as suas periferias. É este, aliás, o motivo que obriga a discutir o PEC em termos muito mais amplos e exigentes do que os que possam rodear um exercício anual ou de curtíssimo prazo, como por exemplo a elaboração do Orçamento do Estado. E muito mais amplos, também, do que os termos que certamente se usariam se estivéssemos num período de normalidade em matéria de crescimento e de organização económica. Mas não é disso que se trata e, por tais razões, o que está em causa são opções, orientações, trajectórias que não podem ser dissociadas das convulsões que mostraram dramaticamente os limites das economias baseadas num excesso de mercado, nem do que importaria começar a entender como bases para um quadro colectivo susceptível de substituir o actual ambiente depressivo.

1. Da incerteza à turbulência persistente

De facto, a realidade económica que nos rodeia está sujeita a uma grande turbulência, de tal forma que já parece pouco esclarecedor falar apenas de incerteza: talvez se devesse falar antes de insustentabilidade do actual modelo económico, à escala europeia.

Assim sendo, devíamos estar a debater opções capazes de configurar uma refundação da política económica e de tornar evidente que se assumia a urgência de reorganizar a economia e a sociedade, no sentido de patamares de sustentabilidade mais sólidos. Para isso, sugiro que, entre muitas outras possibilidades, demos atenção a duas questões cruciais: aos factores que influenciam a procura e aos que intervêm na capacidade para dar às economias um sentido organizacional e de governação em que os aspectos colectivos e sociais sejam relevantes.

O primeiro pressuposto desta sugestão é que o grande problema das economias sujeitas à crise intensa em que estamos é o da formação da procura. Parece indiscutível que as convulsões trazidas pelo desabar do quadro económico prevalecente até há dois anos não só afectaram os rendimentos das famílias e dos Estados, reduzindo a sua capacidade para validar socialmente a produção através do consumo e do investimento, como afectaram dramaticamente as suas expectativas, a sua confiança e a sua capacidade para serem elementos propulsionadores de futuro. A forma profunda como a procura foi atingida colocou as economias na vizinhança da deflação e da depressão. Essa é, parece-me, a causa essencial da escassa verosimilhança das previsões de uma retoma rápida e minimamente robusta.

Aliás, parece-me também razoavelmente fora da realidade imaginar que a chamada «saída da crise» possa ser entendida como um mero passo de adaptação. Não se trata, pois, de retomar um percurso que a crise abalou e cuja projecção linear para o futuro pudesse ser redesenhada de acordo com as balizas que definiram o passado. Em boa verdade, as economias são sistemas sociais de produção. Isto é, as capacidades de produção e os mecanismos de troca que elas desencadeiam só fazem sentido no quadro de um sistema de provisão em que, através da consolidação de determinados padrões de organização colectiva, aquela produção é validada socialmente, isto é consumida, gerando-se assim processos de bem-estar individual e colectivo. Por tudo isto, o que interessaria saber é se a política económica e os documentos que, como o PEC, lhe dão expressão substantiva apontam para caminhos que permitam superar a profunda desregulação dos mecanismos sociais em que o funcionamento das economias se apoia.

2. Os fundamentos sociais da economia

A procura depende, obviamente, dos rendimentos que se formam na economia. E depende igualmente do significado social desses rendimentos. Em sociedades em que houve lugar a uma ampla salarização do emprego e a uma democratização do acesso ao bem-estar, os rendimentos do trabalho são, evidentemente, cruciais. Não é demais relembrar que é com os salários que uns (empresas ou outras organizações) pagam, e para quem esse desembolso é um custo, que se forma a procura (isto é, o rendimento) de outros. A não redução do salário à categoria de custo e o entendimento de que ele é a base de uma relação social foi, como é bem sabido, um dos mecanismos pelos quais, no século passado, as economias industrializadas alcançaram patamares de crescimento virtuoso.

As sociedades e as economias de hoje são, como é desnecessário dizer, profundamente diferentes das da época precedente. Não estamos perante a emergência de intensos processos de industrialização ou de urbanização, não assistimos à incorporação crescente de trabalho no mercado do emprego, não estamos numa rápida ascensão das qualificações e das habilitações de largos estratos populacionais. Somos, ao contrário, sociedades terciarizadas e economias que atingiram padrões de maturidade produtiva elevados e em que os ganhos de produtividade e as inovações não produzem os intensos efeitos reestruturadores que ocorreram em fases históricas de arranque para novos estádios de desenvolvimento.

Isso não invalida e, pelo contrário, exige que se assumam novos compromissos sociais capazes de servirem de base a um modelo de desenvolvimento sustentável, isto é, em que seja possível encontrar mecanismos colectivos de governação e processos dinâmicos sólidos. O esquema de inserção no trabalho e as regras sociais que integram as pessoas no modelo económico – incluindo, evidentemente, a regra do salário justo – são questões essenciais.

3. As opções do PEC: a estabilização recessiva

O primeiro ponto a merecer atenção no PEC é, por tudo isto, o que diz respeito aos rendimentos que se penalizam quando se trata de distribuir sacrifícios. Como é bem sabido, decidiu-se com peculiar clareza e proclamada coragem quando se tratou de congelar salários e de introduzir tectos nas despesas sociais: como se, em geral, os assalariados fossem privilegiados em Portugal e como se a situação da economia e da sociedade deixasse antever que é possível abrandar os apoios de que os excluídos e os mais desprotegidos necessitam. Ao invés, esta demonstração «corajosa» não se nota quando estão em causa outros rendimentos. Apesar do novo escalão do imposto sobre o rendimento das pessoas singulares (IRS), o PEC revela-se cerimonioso, ou mesmo reverente, perante os grandes lucros, a começar pelos do sector financeiro, a quem não é pedida sequer uma participação relevante no esforço, quanto mais um sacrifício. Ora, segundo dados publicados pela Comissão Europeia, o envolvimento do Estado português em apoios ao sector financeiro tem sido elevadíssimo desde 2005.

Além de fazer do trabalho a variável sobre a qual recaem os maiores sacrifícios, o PEC também fragiliza o Estado. Fragiliza-se a Administração Pública, em primeiro lugar, assumindo-a como um peso, em vez de a encarar como um poder organizativo da sociedade. Depois, fragiliza-se a economia e a sociedade, como acontece com o plano de privatizações, que é insensato e injustificado: cria brechas em domínios cruciais da esfera pública (iniciando a desagregação dos CTT ou do universo da CGD), abre mão de dividendos de empresas lucrativas, põe em risco domínios essenciais de regulação pública. De facto, parece que o governo procura apenas obter com a venda do património público valores que permitam repor o que foi gasto no financiamento do sector financeiro.

A penalização assimétrica dos salários – isto é, um quadro de aumento das desigualdades e de sobrecarga sobre os estratos sociais que vivem do trabalho – não é apenas uma política injusta, é uma política de retracção da economia e da criação de riqueza. Limitam-se os rendimentos e, sobretudo, cerceiam-se as expectativas. A política recessiva criou recessão. O mesmo pode ser dito em relação à contracção do investimento.

4. A insularização das economias nacionais: ousar uma Europa dinâmica

Mas há ainda outra circunstância que a discussão do PEC trouxe consigo e que me parece também nova e, sobretudo, muito relevante. Trata-se da dimensão europeia. A profundidade dos problemas (tanto os portugueses como os de outras economias, com o sabido destaque para a Grécia) demonstrou que a União Económica e Monetária pode ser, na ausência de processos reais de governação das economias, um mecanismo de forte desestabilização de sistemas nacionais, com expressão na competitividade, no crescimento e no emprego. Isso quer então dizer que há que introduzir no debate a questão de saber se há um palco europeu para uma política económica que não se confine aos critérios de convergência nominal e, inversamente, assuma problemas como o da gestão do financiamento das economias nacionais ou o do crescimento e qualificação de territórios periféricos ou sujeitos a debilidades estruturais.

O «governo económico» na Europa seria, neste caso, muito mais do que um «governo-polícia», como parece agora defender-se, para ser uma política de relançamento económico e de dinamização dos sistemas sociais.

Veja-se o que se passa com a aposta nas exportações que é, porventura, a única expectativa positiva que o PEC acalenta. É aqui que o problema da lógica económica do PEC revela a sua imensa fragilidade. Numa Europa em que todos os países parecem seguir a mesma lógica, numa solidão individual insustentável, qual o destino de tanta exportação se todos tendem a reduzir as suas respectivas capacidades de compra? Convém não esquecer que a União Europeia acolhe mais de três quartos das exportações portuguesas.

Importa, pois, discutir a capacidade europeia para, em conjunto, lançar um programa de relançamento económico (e não de contracção). Um programa que dependeria de três coisas essenciais: uma forte iniciativa política mais igualitária e mais comprometida com os cidadãos e com uma intervenção real de qualificação da economia e da sociedade (e não o incipiente e abstracto programa da Comissão para 2020); um quadro orçamental radicalmente diferente do que tem vigorado na União, que limita a capacidade comunitária a cerca de 1 por cento do produto interno bruto (PIB) total; uma revisão profunda do papel do Banco Central Europeu (BCE), que actualmente financia os fundos privados que compram as obrigações dos tesouros nacionais, renovando-lhes a capacidade para especularem, mas não financia os próprios Estados.

Conclusão: um programa de estabilização sem lugar para a economia e para a sociedade

A elaboração de um Programa de Estabilidade e Crescimento para o período 2010-2013 foi certamente um exercício difícil para o governo e compreende-se que as margens de escolha política sejam estreitas. Para isso contribui a sujeição em que se encontra o financiamento dos Estados e das economias deficitárias, exclusivamente dependente dos mercados financeiros internacionais e da lógica especulativa que aí domina. Como tem sido bem demonstrado pelo relevo assumido pelas agências de notação (*rating*) e pelos fundos privados, os espaços de soberania estão totalmente à mercê da desregulada soberania da especulação e do poder privados.

Quer isto dizer que se admite que a principal fragilidade do PEC português reside, porventura, em realidades que transcendem o documento e a própria decisão governamental. Mas é igualmente indiscutível que, independentemente destas considerações, o PEC português tem opções controversas, orientações desequilibradas e consequências injustas e assimétricas.

Pode dizer-se que o Programa de Estabilidade e Crescimento é, essencialmente, um Programa de... Estabilidade. Quando se contraem os salários e os rendimentos dos desfavorecidos e se reduz o investimento – bases essenciais da procura – a atenção à economia, isto é, à capacidade para estimular a criação de riqueza e de emprego dilui-se. Não é possível ver nisso senão um sinal negativo para os que produzem, criam emprego e, portanto, esperam que exista procura. Ninguém que tenha preocupações com o risco deflacionista que paira sobre as economias fica tranquilo. O Relatório da Primavera do Banco de Portugal não podia ser mais sombrio. Corrige negativamente as previsões mais imediatas do PEC e ilustra o que se disse acima sobre a turbulência recessiva.

É por tudo isto que interessa intensificar o debate político acerca das opções económicas e orçamentais, assim como sobre as questões europeias.

ESTA ECONOMIA PARA QUÊ?

José Castro Caldas

Num dia já remoto de 2008, alguém escreveu em letras garrafais num muro de um instituto universitário de Lisboa onde se ensina Economia e Gestão: «Estes Economistas para quê?». Pela mesma altura (Novembro de 2008) a Rainha de Inglaterra, que tinha acabado de perder 25 milhões de libras no colapso bolsista, perguntava a uma atónita audiência de economistas na London School of Economics: «Por que é que ninguém reparou?». Em Julho de 2009 a revista *The Economist* (1) fazia capa com a imagem de um livro intitulado «Moderna Teoria Económica» a derreter-se sob as ondas térmicas do *crash* financeiro e escrevia no editorial: «De todas as bolhas económicas que foram perfuradas poucas rebentaram de forma mais espectacular do que a reputação da Economia propriamente dita».

Estes episódios anedóticos servem para recordar que, em 2008 e 2009, o que parecia estar a ruir era não só o capitalismo financeirizado, mas também a «Moderna Teoria Económica». Nesses dias, o dedo acusador da opinião pública apontava para a Economia e para os economistas: eles não só haviam sido incapazes de «reparar» na aproximação da crise, como haviam contribuído activamente para instalar as condições que a provocaram.

De então para cá os espíritos parecem ter serenado: pouco ou nada foi feito para conter os ímpetos da finança (pelo contrário, esta parece ter renascido das cinzas com fôlego redo-

(1) «Where Economics Went Wrong», *The Economist*, 16 de Julho de 2009.

brado) e pouco ou nada foi feito para remendar a «Moderna Teoria Económica» ou reformar o ensino da disciplina. Na maioria das Faculdades de Economia, com destaque para as portuguesas, reina a paz dos cemitérios. Nada mudou, como se nada tivesse acontecido.

No entanto, «os economistas» e a «economia» não recuperaram a sua «reputação».

O que temos pela frente é, portanto, também, uma crise da Economia (da «moderna teoria» e do seu ensino) caracterizada pelo contraste entre a imobilidade das instituições de suporte à produção e reprodução de conhecimento económico, por um lado, e, por outro, pela perda da «reputação» da disciplina académica, isto é, a generalizada percepção pública da sua degenerescência.

Para tentar descobrir os futuros que esta crise contém devemos, primeiro, clarificar o significado de «Moderna Teoria Económica» na acepção da *The Economist* e verificar até que ponto esse significado corresponde ao entendimento público de «Economia» e de «economista». Devemos interrogar-nos, depois, em que medida a perda de «reputação» pública da disciplina e da profissão de economista é justificada. Devemos reflectir, por fim, em dois dos cenários que se configuram para o futuro da disciplina académica.

O que é «a Economia moderna»?

Dizia-se antigamente que onde estão dois economistas há pelo menos três opiniões diferentes. De facto, a Economia foi desde sempre uma disciplina académica caracterizada pela existência de diversas tradições e correntes teóricas com expressão em diferentes pontos de vista e opiniões acerca dos problemas. Pode, portanto, parecer estranho que a *The Economist* se refira à «Moderna Teoria Económica» no singular.

A verdade, no entanto, é que a «moderna Economia» de que falava a *The Economist* é a Economia tal como actualmente existe, não a velha Economia pluralista que existiu nos Estados Unidos entre as duas guerras mundiais e até mais recentemente na Europa.

Nos Estados Unidos, durante e após a Segunda Guerra Mundial, a Economia sofreu uma profunda transformação que a levou do pluralismo à hegemonia de uma só corrente teórica. Paul Samuelson, um dos protagonistas deste processo, escrevia em 1955: «Nos anos recentes, 90 por cento dos economistas americanos deixaram de ser "economistas keynesianos" ou "economistas anti-keynesianos". Em vez disso, trabalharam para construir uma síntese de tudo o que é válido na economia antiga e nas modernas teorias da determinação do rendimento. O resultado, a que poderia chamar-se economia neoclássica, é aceite, em linhas gerais, por todos menos cerca de cinco por cento de autores de extrema-esquerda e extrema-direita» ([2]).

Paul Samuelson havia sido de facto um dos principais arquitectos da síntese da microeconomia neoclássica com um modelo vagamente keynesiano, que ele próprio celebrava nesta passagem, e o autor do manual que o disseminou em todo o mundo durante várias décadas.

Na década de 1970, contudo, esta síntese, ou consenso, viria a quebrar-se em consequência da ruptura operada e da influência adquirida pelos monetaristas e os «novos clássicos» da Escola de Chicago. A perspectiva de uma Economia unificada já não agradava tanto a Paul Samuelson como no passado. Em 1992, sentiu mesmo a necessidade de assinar com outros quarenta e quatro economistas de renome um «Apelo a favor de uma economia pluralista e rigorosa», que só conseguiu ser publicado na *American Economic Review* como publicidade paga.

([2]) Citado em Olivier Blanchard, «The State of Macro», The National Bureau of Economical Research (NBER) Working Paper 14259, 2008, www.nber.org/papers/w14259.

Samuelson queria evitar uma nova síntese hegemonizada, desta vez, pelos economistas de Chicago, mas, na década de 1990, o que ele receava veio efectivamente a acontecer: o novo consenso, festejado em 2008 pelo actual economista-chefe do Banco Mundial, Olivier Blanchard, envolvia agora «as novas ferramentas desenvolvidas pelos novos-clássicos ... [e] os factos enfatizados pelos novos-keynesianos» ([3]).

Os acontecimentos nos Estados Unidos são de especial relevância, porque viriam a determinar o que veio acontecer em todo o mundo. Pouco a pouco, departamentos de economia que anteriormente eram pluralistas sofreram transformações semelhantes às que aconteceram nos Estados Unidos, conduzindo à hegemonia de uma perspectiva única (neoliberal) na teoria e na prática. A transformação envolveu conversões pessoais espectaculares, exclusões diversas, golpes palacianos, critérios de admissão ideologicamente condicionados. O que veio a prevalecer foi a «Moderna Teoria Económica» – uma coligação teórica que excluiu um conjunto de tradições que estiveram presentes (e em certa medida ainda estão) na academia e nas associações profissionais: o (pós-)keynesianismo, o marxismo, os institucionalismos e a economia evolucionista. Portugal, não obstante a persistência de alguns indivíduos com visões divergentes das hegemónicas e o relativo pluralismo ainda existente em alguns departamentos periféricos, não foi excepção à tendência geral ([4]).

A coligação teórica que acabou por dominar a academia nos Estados Unidos e na Europa é o que a *The Economist* toma como «Moderna Teoria Económica». É também o que o público toma como «Economia». Até há bem pouco tempo, o espaço mediático de opinião económica era integralmente ocupado por comentadores que, sendo múltiplos em número, exprimiam uma única opinião. O público habituou-se a asso-

---

([3]) *Ibidem*, p. 5.

([4]) A reconstrução deste processo em Portugal continua a ser um objecto inexplorado pelos historiadores da Economia.

ciar essa opinião à opinião do «economista» e esqueceu que os economistas podiam ter opiniões diferentes ([5]).

A «Economia» e os «economistas» são culpados?

Quem culpar pela crise? Os meios de comunicação social sugeriram a ganância, a desregulação e os reguladores, os banqueiros, os economistas e, finalmente, a própria Economia. Feitas as contas, foram os economistas, apoiados na sua «ciência económica» e com as suas teorias do interesse próprio espontaneamente transformado em bem comum, que legitimaram a ganância e advogaram a desregulação, a privatização geral e a liberdade de movimentos dos capitais.

Mas pode uma disciplina académica, uma ciência social, ser responsável por uma crise? Que sentido faria acusar a Sociologia por uma qualquer crise social; ou a Ciência Política por uma crise política? O público e os *media* são injustos quando apontam o dedo acusador à Economia e aos economistas?

Há três características da «Moderna Teoria Económica» que a tornam muito suspeita e vulnerável.

Primeira característica. A «Economia», tal como era concebida por exemplo por Milton Friedman, reclamava para si um estatuto de ciência na medida em que os seus modelos permitiam formular predições e em que essas predições resistiam ao teste da experiência. Acusar uma ciência social de ser incapaz de prever um qualquer fenómeno social é um disparate. Contudo, quando essa ciência social é a «Economia» as coisas são diferentes.

Foram os «economistas» que afirmaram a superioridade da sua ciência relativamente às outras ciências sociais com base

---

([5]) É no entanto de sublinhar a ligeira e muito positiva alteração recente desta situação. Certamente em consequência da perda de reputação dos «economistas», a comunicação social começou recentemente a comportar-se em questões de opinião económica como habitualmente fazemos relativamente às de medicina: quer ouvir outras opiniões.

numa suposta capacidade preditiva que lhe seria peculiar. Acusá-los de não terem previsto a crise não é uma acusação injusta.

Segunda característica. Sendo capaz de prever, a «Economia moderna» afirmava-se também capaz de controlar a economia. Até há muito pouco tempo alguns economistas acreditavam que a Economia tinha realizado feitos extraordinários: o «problema central da prevenção da depressão foi resolvido», declarou Robert Lucas, da Universidade de Chicago, em 2003 ([6]).

Sob o manto da neutralidade científica, os economistas envolveram-se na política e adquiriram uma influência com que nenhuma outra ciência social pode sequer sonhar. Os governos ouviam realmente os economistas e (muitas vezes contrariados) faziam o que eles lhe diziam não poder ser de outra maneira. Uma vez que os próprios economistas modernos reclamaram capacidade de controlar a economia, acusá-los de não terem sido capazes de o fazer está longe de ser injusto.

Terceira característica. Os economistas modernos tinham formulado modelos segundo os quais seria possível obter trajectórias óptimas e estáveis de crescimento desde que as políticas monetárias estivessem orientadas para metas de inflação baixas e estáveis e os governos se abstivessem de interferir nos mercados. Estes modelos envolviam inacreditáveis pressupostos. Contudo, em vez de questionarem o realismo dos pressupostos, os economistas modernos advogaram transformações da realidade que os tornassem reais. Se os preços, nomeadamente os salários, eram rígidos à descida, era preciso torná-los flexíveis; se existiam barreiras ao comércio, era preciso removê-las; se os direitos de propriedade estavam mal definidos, era preciso especificá-los; se alguns mercados eram inexistentes, era preciso criá-los.

([6]) Citado por Paul Krugman em «How Did Economists Get It So Wrong?», *The New York Times*, 2 de Setembro de 2009.

Os economistas modernos estiveram envolvidos não só na análise da economia como na construção da economia. O seu papel na concepção das inovações financeiras e da nova arquitectura dos mercados financeiros veio agora à luz do dia. O público tende a ver a economia como uma criatura dos economistas e nisto não está completamente enganado. Nestas circunstâncias, acusar os economistas modernos e a Economia moderna pela ruína da economia já não parece tão descabido.

Os futuros da Economia

O futuro da Economia como disciplina académica depende das dinâmicas de evolução das suas instituições de investigação e de ensino. Hoje é patente que na maioria dessas instituições não existem forças internas capazes de dinamizar uma mudança. Pelo contrário, a crise, passado o momento de perplexidade, parece ter dado origem a um ainda maior enconchamento formalista. As instituições são povoadas, na sua maioria, por pessoas que aprenderam a pensar como economistas modernos. Os hábitos de pensamento são pouco maleáveis, a mudança é percebida como uma ameaça. A renovação da população académica que poderia facilitar o processo está actualmente bloqueada em Portugal.

Não é portanto de esperar qualquer mudança vinda do interior dos actuais departamentos de Economia. Nestas circunstâncias, há dois cenários (não mutuamente exclusivos) a considerar.

Primeiro cenário. A perda de reputação da Economia acentua a procura de formação em Gestão e outras ciências sociais, em detrimento da Economia. Os economistas procuram a inserção em Escolas de Gestão onde passam a prestar os seus serviços. A prazo, a economia moderna dilui-se no caldo das «Ciências da Gestão».

Segundo cenário. Indivíduos actualmente dispersos em diversos departamentos coordenam esforços conducentes à coordenação da investigação e à oferta de novos perfis de formação avançada em Economia.

Este segundo cenário pressupõe uma reflexão séria acerca da natureza do conhecimento científico sobre a economia e os modos de aprofundamento e disseminação desse conhecimento. É bem possível que este debate venha a revelar que o desenvolvimento da Economia ocorrido desde os finais do século XIX, a partir da revolução marginalista, não foi mais do que um desvio episódico do caminho percorrido pela Economia Política. É bem possível que venhamos a descobrir que a nova Economia deve recuperar características da Economia Política que a *Economics* fez esquecer: a pluralidade teórica, o diálogo transdisciplinar, a centralidade da história e das instituições, a conversação com a Filosofia Política e Moral. É por aqui que me parece valer a pena fazer caminho.

NEOLIBERALISMO, UM ÁLIBI DA ESPECULAÇÃO IMOBILIÁRIA

Pedro Bingre do Amaral

No ano da queda do Muro de Berlim, 1989, Francis Fukuyama redigiu em *The End of History* um atestado de óbito a todas as ideologias excepto uma: a do liberalismo democrático na sua forma anglo-saxónica. O colapso do socialismo ao estilo soviético provava à saciedade, começaram a dizer os liberais subscritores de Fukuyama, a futilidade das tentativas para entregar à política o controlo da economia, aos governos a tutela dos mercados, aos Estados o garante de equidade na distribuição da riqueza. Banalizou-se desde então nos discursos políticos a equiparação dos Estados-providência da Europa Ocidental aos Estados comunistas falidos, usando-se tal artifício retórico como pretexto legitimador de projectos de desmantelamento dos aparelhos estatais, nas múltiplas funções de regulador de mercados, de assegurador de serviços públicos e de provedor de justiça social. Os três partidos políticos portugueses que desde finais dos anos oitenta exerceram funções governativas foram, cada um a seu modo, acólitos desta crença.

Com o tempo, este raciocínio «liberal» elevou-se ao estatuto de pensamento único, de ideologia omnipresente mas não assumida. No plano académico, foi acompanhado pela imposição quase exclusiva da abordagem neoclássica aos problemas da Economia, emprestando um ouropel de ciência aos projectos de liberalização e desregulação dos mercados. Com base no infundamentado «axioma» neoclássico de no espaço económico se moverem somente agentes racionais e perfeitamente informados, permitiu-se o *laissez faire* no mercado de «produtos» financeiros derivados – para mais tarde se descobrir como nele campeavam a desinformação, o palpite, a fraude e a depredação especulativa baseada nessa irracionalidade e opacidade. Também com base na receita neoclássica de subtrair à esfera do Estado todas as transacções para em todos os mercados criar livre concorrência, tentou-se liberalizar o iliberalizável, desde ferrovias e monopólios energéticos até ao mais anticoncorrencial de todos os mercados, o imobiliário de solos urbanizáveis, para logo se assistir ao crescimento de monstruosas bolhas especulativas nos preços da habitação.

Considerando o terrível impacto que as bolhas imobiliárias têm sobre a distribuição da riqueza e a saúde das economias, resulta estranho o silêncio que sobre elas guarda a esmagadora maioria dos economistas políticos contemporâneos. Mesmo os inúmeros ideólogos que procuraram cruzar os axiomas «científicos» da Economia Neoclássica com os ideais políticos do liberalismo clássico, para engendrar assim o neoliberalismo contemporâneo, omitiram uma parte indispensável das reflexões inscritas no código genético do liberalismo oitocentista proposto por Stuart Mill e David Ricardo. Apagaram do discurso oficial dos pensadores (neo)liberais a preocupação inicial de *libertar os sectores produtivos da economia do jugo do rentismo imobiliário.* E graças a esta manobra hoje, enquanto vivemos na recessão causada pela maior bolha imobiliária da história moderna ([1]), a opinião pública limita-se a discutir os seus efeitos financeiros, ao invés de reflectir sobre as causas propriamente imobiliárias da crise.

Mill e Ricardo advertiram, importa recordar, que numa economia demasiado leve na tributação do património e mal regulada em termos de mercados de solo (agrícola ou urba-

---

([1]) Mais de metade do parque habitacional português tem menos de 20 anos; há mais de um milhão de edifícios vazios ou sem uso; não obstante, observa-se que o preço dos imóveis *aumentou* à medida que o excedente de imóveis vazios também cresceu.

nizável) existe uma tendência irresistível para a maioria dos ganhos de produtividade – de crescimento da riqueza – ser apropriada por rentistas e especuladores imobiliários, espoliando-se toda a sociedade para pagar o oportunismo de um ínfimo número de acumuladores de imóveis.

As investigações feitas desde então no âmbito da Economia Imobiliária corroboram tais hipóteses. Sabe-se agora que o mercado imobiliário tem uma natureza cíclica acoplada com a do ciclo financeiro; que os promotores preferem adiar a venda dos seus imóveis para o momento em que a economia esteja próspera e os compradores aptos a contraírem a máxima dívida hipotecária possível. Caso os promotores prefiram arrendar, asseguram-se de aumentar as rendas proporcionalmente aos salários de modo a capturar para o arrendador os ganhos de produtividade do assalariado.

Nos anos recentes, os prognósticos daqueles economistas revelaram-se particularmente acertados: na ressaca da bolha imobiliária, como inevitavelmente sucede, dividiu-se a sociedade entre uma maioria de cidadãos e empresas hipotecadas e uma minoria de grupos financeiro-imobiliários tornados prósperos no jogo da revalorização especulativa do solo e dos edifícios. As economias cresceram, mas os ganhos daí resultantes foram absorvidos não pelos salários mas pelos rendimentos dos activos financeiro-imobiliários.

Crise financeira ou imobiliária?

A situação a que chegámos é de tal modo grave que suplica a reapreciação de todo o sector imobiliário à luz da Economia Política. A ideologia neoliberal e a Economia Neoclássica têm sido perversamente omissas na análise das relações de poder entre os três factores de produção económica: louvam as especificidades do capital, amparando-o e protegendo-o; criticam as exigências do factor trabalho, propondo a sua precarização; e, de modo desconcertante, descartam da ponderação o factor terra (2). Esta abstracção neoliberal é absurda e perigosa, pois subtrai a especulação imobiliária ao julgamento moral do pensamento da Economia Política e disfarça de «operações financeiras» inócuas aquilo que não passa da mais antiga actividade económica parasitária conhecida: o rentismo fundiário.

Além disso, ao tratar ingenuamente o mercado imobiliário como um «canal neoclássico» de transacções no qual a concorrência entre ofertantes faz diminuir o preço do bem até um mínimo benéfico para o consumidor, ilude a opinião pública fazendo-a pensar que o «progresso dos mercados livres» trará uma melhoria da relação entre qualidade e preço da habitação. Infelizmente, no imobiliário não há nem pode haver concorrência perfeita. A descida de preços acompanhada de melhoria da qualidade só se produz por intervenção política ou por constrangimento creditício.

Tornou-se impossível ler a imprensa generalista ou assistir a noticiários televisivos sem receber um diagnóstico confuso, porém taxativo, da natureza da crise que vivemos: é uma crise *financeira*. Os bancos, diz-se, viram-se com balanços em estado de *iliquidez* ou, em certos casos, de *insolvência*. Houve excesso de imprudência da parte do prestador e um gasto excessivo da parte do prestatário, insiste-se. Perguntamos, pois: que despesas tremendas podem ter causado tal depauperamento?

Segundo nos explicam, as angústias da banca resultam do aumento da *morosidade* no pagamento das dívidas à aquisição de habitação: famílias e empresas volveram-se incapazes de pagar as hipotecas. No caso do *subprime* americano, essa morosidade afectou os bancos que adquiriam os respectivos títulos hipotecários; no de Portugal, atingiu os credores dos (incontáveis) casais e companhias portugueses que se viram prejudicados pela recessão. A Banca entrou em crise porque demasiados agentes económicos não conseguem pagar o imobiliário

(2) O vocábulo «terra» tem sido tradicionalmente utilizado na economia política na acepção de «imobiliário». Alguns autores equivalem-no também a outros recursos naturais escassos e com valor de mercado.

hipotecado. Em Portugal, o crédito imobiliário representava em 1998, quando a bolha imobiliária portuguesa estava já em crescimento acelerado, 73% do crédito aos particulares e 35% do crédito às empresas; em 2006 representava 80% e 56%, respectivamente.

Ora, sabemos que o território português se encontra pejado de imóveis vazios: mais de 12% dos edifícios estão desocupados, naquela que é a terceira maior percentagem de derrelicção habitacional da Europa Ocidental (apenas ultrapassada pela Itália e por Espanha). Sabemos ainda que esta percentagem nacional sobe para próximo dos 25% se lhe adicionarmos os edifícios dados como «de segunda residência», que estão de facto vazios. Apesar disso, como foi necessário tanto endividamento hipotecário perante esta superabundância de casas vazias?

E como interpretar o facto de o preço médio da habitação em Portugal rondar os 1200 euros por metro quadrado (€/m2), mesmo contabilizando-se a habitação em zonas rurais, sendo portanto quase idêntico aos preços praticados no perímetro urbano de Berlim (1400 €/m2), onde os salários mais do que triplicam a média portuguesa? E como interpretar, ainda, o facto de Lisboa apresentar um preço médio da habitação de 3552 €/m2, portanto 2,3 vezes mais caro do que o equivalente na capital alemã?

No seu âmago, a crise não é financeira: é imobiliária. Empresários e assalariados foram obrigados pelos agentes imobiliários a endividarem-se para lá da razoável assunção de crédito. A banca pode ter colhido rendimentos sob a forma de juros ao crédito, mas o valor principal da dívida foi colhido pelo imobiliário, graças ao modo como o seu mercado se presta com inusitada facilidade à especulação.

O mercado imobiliário, no seu âmbito mais puro – revenda e arrendamento, descontando o mercado afim da construção – apresenta feições estruturantes que o distinguem da maioria dos outros mercados de bens, politizando-o ao mais alto grau. Em primeiro lugar, é constrangido por uma oferta rígida: não se fabrica solo, no sentido em que cada troço do espaço à superfície do planeta não pode ser reproduzido (só se densifica o seu uso). Em segundo lugar, na medida em que o solo ([3]) em si mesmo não se produz (não tem custos de produção), quem o compra paga um *sobrepreço* que não cobre qualquer *custo* subjacente. Em terceiro lugar, esse mercado transacciona essencialmente *direitos de propriedade*, cujos conteúdos são criados e garantidos pelo Estado: cultivar, construir, etc. Em quarto lugar, ao contrário da generalidade dos restantes mercados de bens de consumo ou de equipamento, opera como um *jogo de soma zero*: o aumento da área de solo possuída por um titular implica necessariamente a diminuição proporcional da área usufruída pelo resto do colectivo. Em quinto lugar, uma vez que o preço do imobiliário é demasiado elevado para a maioria dos assalariados o adquirir a pronto, a sua compra depende das condições creditícias do momento, condicionadas pela gestão dos Bancos Centrais. Em último lugar, mas em primeiro na lista de características moralmente significativas: o mercado imobiliário transacciona um bem essencial, imperecível e imprescindível à vida humana – o espaço para habitar e trabalhar. Por ser além disso escasso e sujeito a oligopólios, o imobiliário presta-se ainda melhor aos fins da especulação do que os cereais, as obras de arte e até o petróleo.

Dadas estas características do mercado imobiliário, é uma impossibilidade tanto teórica como prática liberalizá-lo. Não se pode arredar dele a regulação do Estado e muito menos trazê-lo a uma situação de perfeita concorrência. O imobiliário é e sempre será um retalho de oligopólio localizado cujos conluios produzem, na prática, o comportamento de monopólio. Um antimercado. Para que equilíbrio tende o preço dos bens essenciais vendidos num mercado monopolista como este? Não tende para se aproximar dos custos marginais de produção, como num mercado concorrencial; tende, isso sim,

([3]) Na acepção de espaço. Construir apartamentos não é produzir espaço, é densificar a sua ocupação.

para se igualar à máxima capacidade de endividamento dos compradores. Dito de outra forma: quando uma economia cresce, os juros descem e o crédito se expande, esse aumento da riqueza e da massa monetária é rapidamente absorvido pelos rendimentos do imobiliário ([4]).

Durante as últimas duas décadas, Portugal assistiu ao agravamento dramático desta patologia na sua vida económica. A entrada na Comunidade Económica Europeia, em 1986, ofereceu-lhe um tremendo ímpeto económico catalisado pela abertura aos mercados europeus e pelo influxo de subsídios comunitários. A estes primeiros acréscimos de capital comunitário começaram a juntar-se volumes de capital literalmente «trazidos do futuro» em empréstimos à habitação com juros e prazos de amortização cada vez mais baixos: em 1985 superavam os 20% ao ano, descendo para menos de 4% em 2005. Graças a estes processos, o acesso à habitação não se tornou mais fácil: o crédito serviu apenas para multiplicar por cinco ou mais vezes o preço real dos imóveis, apesar de o seu custo de construção se ter mantido constante. Como a diferença entre o preço da habitação e o custo de construção representa essencialmente o preço do solo, constata-se que o crescente endividamento dos portugueses mais não serviu do que para gerar «fortunas trazidas pelo vento» (financeiro) e depositá-las aos pés dos agentes imobiliários que prosperaram na compra,

---

([4]) Imagine-se um casal português que em 1995 demandasse habitação, dispondo de 700 euros mensais para prestações hipotecárias: a banca exigir-lhe-ia um aval e proporia 20 anos de amortização a uma taxa de juro de 12% ao ano; nessas condições conceder-lhe-ia não mais de 70 000 euros de empréstimo, e a esse preço lhe seria vendido o imóvel. Em 2005, outro casal, no mesmo bairro, demanda habitação dispondo igualmente de 700 euros mensais para prestações: mas dada a evolução do mercado, dispensa o aval, propõe-lhe um empréstimo a 40 anos de amortização e uma taxa de juro de 3% ao ano, donde resulta uma dívida de 195 000 euros. Os 135 000 euros de valorização do imóvel representam «fortunas trazidas pelo vento» (*windfall gains* ou ganhos imerecidos) ao revendedor, que para as conquistar nada produziu em troca.

açambarcamento especulativo e posterior revenda a preços artificialmente inflacionados de terrenos e edifícios, sem lhes acrescentarem qualquer benfeitoria merecedora de tal recompensa.

Perante este panorama desolador, a ideologia neoliberal contemporânea pronuncia-se com contradições curiosas. A primeira é a tradição filosófica que abraça: o liberalismo. Julga poder legitimar as suas ambições de manipular o mercado sob o pretexto de querer sobretudo defender a «liberdade individual» contra a «tirania do Estado». E é certo que os fundadores da doutrina liberal, como Mill e Ricardo, desejavam menos Estado; mas desejavam-no porque o aparelho estatal do século XIX no qual viviam era ainda um mero instrumento político usado pela aristocracia terratenente para extorquir rendas imobiliárias aos industriais e aos assalariados. O inimigo desse liberalismo primitivo não era o trabalho: era o rentismo do Antigo Regime. Até pensadores ultraliberais como Léon Walras propuseram uma «nacionalização do solo» como única forma para evitar que o capitalismo degenerasse em mero rentismo, estagnando o progresso tecnológico e material. Políticos liberais como Lloyd George propuseram reformas tributárias do imobiliário para combater o rentismo e financiar o primeiro Estado-providência; conservadores como Winston Churchill tomaram a especulação urbanística como principal manifestação do rentismo a debelar.

O currículo das licenciaturas contemporâneas de Economia praticamente não versa o imobiliário e o rentismo que a explora como variáveis maiores da vida económica. Esse missal da maioria dos estudantes contemporâneos de Economia Neoclássica, o livro de Paul A. Samuelson e William D. Nordhaus, desvia dele o olhar e dedica-lhe apenas três das suas mais de 700 páginas. A ortodoxia neoliberal parece ser, no fim de contas, o cavalo-de-tróia do rentismo fundiário que julgávamos morto e enterrado com o *Ancien Régime.*

IR ALÉM DAS MEDIDAS ANTICRISE

MANUELA SILVA

¿Para qué nos sirve la crisis? Para parar, reflexionar y empezar de nuevo. Ahora con otros principios, con otros valores, con otro norte. La crisis nos sirve para reorientar el futuro particular y colectivo. ¿Quizás el ritmo y la forma de vida anterior estaban equivocados? ¿Quizás era falsa esa felicidad asociada a la acumulación de cosas?

– KOLDO ALDAI, «Una crisis cargada de futuro» (unarealutopia.blogspot.com)

Reconhece-se que a crise desencadeada pelo colapso de algumas instituições financeiras sedeadas nos Estados Unidos, no final de 2007, tem, afinal, natureza não apenas financeira e localizada mas sistémica e com dimensão global, pondo em causa o sistema de economia de mercado e mesmo a organização social que lhe está acoplada, designadamente os esquemas de segurança e protecção social.

Disfuncionalidades do sistema, que vinham a ser denunciadas, há décadas, por alguns especialistas, adquirem, agora, maior visibilidade e por isso suscitam preocupação mais generalizada entre actores económicos e líderes políticos. É assim com a insustentabilidade ambiental do modelo energético de industrialização e crescimento económico, o consumo voraz e irresponsável por parte de alguns estratos populacionais e regiões do mundo, o desperdício e a obsolescência produzida, a excessiva concentração da riqueza e a muito desigual repartição do rendimento, a persistência de níveis de pobreza e exclusão social intoleráveis face aos níveis de produção e produtividade alcançados e, mais recentemente, o desemprego maciço e a crescente exclusão social existentes em alguns países, com consequente risco para a democracia. A crise teve o mérito de desocultar uma realidade de risco sistémico que estava latente e por isso há quem escreva «esta crise me encanta», por ver nela uma saída para novas e mais justas vias de democratização da economia e das sociedades, isto é, para prosseguir na via de um verdadeiro desenvolvimento humano e sustentável.

Será assim? Estará a crise a constituir uma real oportunidade de mudança sistémica?

Excepção feita para alguma reflexão teórica nesse sentido, não vejo nas medidas tomadas sinais de alteração dos fundamentos que subjazem à crise. Com efeito, não temos razões para pensar que empresas, instituições financeiras, consumidores, parceiros sociais ou políticos dêem mostras de querer aprender com a crise e que revelem disponibilidade para as indispensáveis mudanças de paradigma organizacional e de comportamento individual e colectivo. Ao invés, é elucidativo que as grandes instituições financeiras, tanto nos Estados Unidos como as que se situam no espaço coberto pelo G20, continuem a oferecer resistência à adopção de medidas de regulação que se afiguram indispensáveis, como sejam o desmembramento obrigatório das instituições financeiras gigantes, a separação entre bancos comerciais e bancos de investimento ou o controlo efectivo dos movimentos em *offshore*.

Olhando agora mais de perto para a realidade nacional, o panorama não é muito diferente.

Não obstante os esforços de clarificação acerca da natureza da crise e seus fundamentos, que também entre nós vão sendo feitos, é de lamentar que as políticas que vêm sendo adoptadas, em Portugal, como no espaço da União Europeia, se dirijam, fundamentalmente, a uma pretendida reposição de equilíbrios de ordem financeira.

Ao nível do Estado, primeiro foi a pronta disponibilização de recursos financeiros para acudir às dificuldades de solvência ou falta de liquidez de alguns bancos, o que logo se repercutiu em agravamento do défice das contas públicas e acréscimo de endividamento público. Agora, são as medidas de redução desses défices, através de recurso a maior carga fiscal e cortes no investimento público e nas despesas correntes do Estado. Falta ir além destas medidas, ousar reformas estruturais e encontrar caminhos de inovação social.

Pelo lado das empresas, as soluções encontradas parecem consistir em reclamar do Estado facilidades suplementares de acesso ao crédito, legislação laboral mais flexível, menor protecção dos direitos dos trabalhadores e redução de salários. Isto em nome da competitividade no mercado global. E por que não repensar o próprio conceito de empresa e sua responsabilidade social e cidadã, o lugar do capital, a especulação bolsista?

No fundo, o que está implícito na natureza das medidas reclamadas, tanto no que se refere às políticas públicas como aos comportamentos dos agentes económicos, designadamente a banca, é a ideia de que a crise é mera turbulência na superfície das águas e o que importa é regressar, rapidamente, ao *business as usual*.

Não ignoro que, dadas as circunstâncias, os Estados e as instâncias comunitárias não podem deixar de exercer um papel interventivo mais forte que controle o impacto desta turbulência, quer recorrendo a medidas de política fiscal e outras políticas públicas de índole conjuntural, quer impondo regras de transparência e prudenciais às instituições financeiras e reforçando a sua supervisão.

Todavia, além de tais medidas implicarem, em alguns casos, uma injusta repartição dos seus respectivos custos sociais, o mais grave é que não resolvem com solidez as questões de fundo, podendo mesmo estas medidas virem a ter um efeito colateral negativo: o de lançarem uma cortina de fumo sobre a necessidade de serem criadas condições para uma indispensável «metamorfose» do sistema vigente e viabilização dum meta-sistema que evite o caos.

Para que possa dizer-se, com verdade, *esta crise me encanta* é necessário que, em primeiro lugar, se invista numa reflexão colectiva acerca dos valores societais a privilegiar e que sobre eles se construam posições tão consensuais quanto possível acerca do futuro sistema económico e social. Em segundo lugar, importa definir os objectivos a atingir e os meios e caminhos para o construir, num horizonte temporal razoável, traçando para tal estratégias de desenvolvimento devidamente participadas aos vários níveis de decisão que venham a ser objecto de contratualização social no médio prazo e ao abrigo de calendários eleitorais.

Neste contexto, e sem excluir – ou subestimar – as políticas de regulação mais imediatas, sobre cuja bondade e limitações outros se pronunciarão, gostaria de contribuir para ir além delas, chamando a atenção para três tópicos-chave: o lugar do trabalho; a reforma da empresa; o desenvolvimento a partir do local.

O conceito de trabalho e seu lugar na economia e na sociedade

Uma das manifestações mais gravosas da presente crise refere-se ao conceito de trabalho subjacente à empresa capitalista, o qual relega a noção de trabalho para a categoria de «mercadoria » ou de «factor de produção», descartando a dimensão subjectiva do mesmo (o trabalho como factor de realização pessoal), bem como a sua dimensão de inserção social e participação na vida colectiva (factor de coesão social). Que o digam os despedimentos maciços e as deslocalizações intempestivas, a tendência para o abaixamento dos níveis salariais, a precariedade dos empregos, a perda de direitos e regalias, a crescente oferta do chamado «trabalho lixo».

A evolução do sistema capitalista, que se acentuou sobretudo a partir do final dos anos oitenta, tem sido impulsionada, como é sabido, pela globalização da economia segundo a lógica da competitividade no mercado global, bem como pela preponderância do negócio financeiro sobre a economia real, uma e outra destas facetas servidas por uma tecnologia que abre caminho à grande fluidez e extrema celeridade nas relações económicas. Zygmunt Bauman fala da emergência de um *capitalismo líquido* para acentuar esta característica do capitalismo contemporâneo.

Foi este *capitalismo líquido* que impôs a noção de flexibilidade do trabalho e, sub-repticiamente, tem vindo a abafar ou subestimar a dimensão pessoal e social do trabalho humano, com consequências devastadoras, tanto em desemprego como em precariedade e desqualificação do trabalho. Uma tendência que importa travar.

Por outro lado, a noção de trabalho humano não pode ficar vinculada apenas ao trabalho de produção mercantil de bens, materiais ou imateriais. A esta forma de trabalho há que associar uma outra modalidade, o trabalho-cuidado, quer o que é realizado na esfera das famílias (cuidados com as crianças, com os idosos, com o bem-estar do grupo familiar), quer o realizado em favor da comunidade (serviços cívicos, preservação do ambiente, defesa do património cultural, animação cultural, etc.). Este tipo de trabalho-cuidado carece de reconhecimento social e de valorização em termos económicos.

A presente crise, na medida em que liberta da esfera da produção mercantil um volume considerável de recursos humanos, abre caminho a que surjam alternativas de emprego desses recursos dispensados da esfera mercantil em modalidades de trabalho-cuidado ao qual deve ser atribuída uma justa participação no rendimento.

Formação e repartição do rendimento

O trabalho é, nas sociedades modernas, a principal fonte do rendimento monetário da maior parte da população activa e, por conseguinte, constitui, indirectamente, o meio de acesso ao bem-estar material individual. Assim sendo, parece incompreensível que, em democracia, a fixação das remunerações do trabalho fique entregue às leis do mercado e à decisão dos gestores das empresas e que seja a maximização do lucro do capital o seu critério determinante.

A prática de negociação colectiva entre representantes de organizações patronais e organizações sindicais com recurso, quando necessário, à mediação do Estado, surgiu no passado com objectivos de prossecução de valores de equidade e de coesão social e promoveu o Estado de bem-estar, mas tem vindo a perder eficácia no contexto da globalização. São, pois, necessários novos mecanismos reguladores das relações sociais a nível mundial.

Por outro lado, a presente crise e o fenómeno do desemprego estrutural que lhe está associado obrigarão a sociedade no seu todo a ter de encontrar novas modalidades de repartição do trabalho produtivo disponível (duração e horários de trabalho, tempos de vida activa, formação e reforma) que tenham em conta a inovação tecnológica e os níveis de produtividade alcançados na produção de bens materiais, bem como a transição em curso para economias cada vez mais baseadas no conhecimento.

Se o objectivo societal for, como é justo, oferecer oportunidade de emprego digno para todos, não basta ampliar o leque das prestações compensatórias da perda de salários para quem não encontra lugar na produção. Há que pensar em repartir melhor os empregos disponíveis, criar novas oportunidades de emprego e assentar em novas bases a repartição do rendimento gerado pela actividade económica.

A sociedade no seu todo só tem a ganhar com a garantia de um trabalho digno e devidamente remunerado acessível a todos os cidadãos e cidadãs que o desejem e procurem.

Da empresa capitalista à empresa cidadã

No actual contexto da evolução do capitalismo, os governos deparam com uma grande debilidade quanto à respectiva capacidade de intervenção no sentido de orientarem a economia para objectivos de desenvolvimento sustentável e coesão social dos respectivos povos.

O mercado global dita as suas leis e, através delas, neutraliza os potenciais efeitos dos instrumentos da política económica nacional. Com razão se pensa que só um caminho de maior regulação a nível global poderá constituir a desejável passagem a um estádio superior de desenvolvimento e equidade social.

Vencer a crise implica, pois, a criação de novos instrumentos que assegurem, a nível global, uma maior democratização das economias.

Neste sentido, apontam-se os holofotes aos governos dos países economicamente mais poderosos, reclamando deles uma acção concertada e urgente no sentido da viabilização dessa regulação mundial de base democrática.

Em rigor, o que está em causa é a própria concepção da empresa capitalista e a definição da respectiva responsabilidade social.

Nas actuais circunstâncias, a responsabilidade dos gestores define-se na base de uma relação de confiança perante os detentores do capital (ou da maioria destes). A maximização dos lucros dos capitais aplicados na empresa é o critério primordial, não só da remuneração dos próprios gestores, como também da própria cotação da empresa em Bolsa. É bom de ver que com tais critérios não ficam necessariamente acautelados os objectivos básicos de utilidade social, nomeadamente os que se referem ao bem-estar dos trabalhadores, a sua remuneração, a sua saúde ou a sua segurança. Tão-pouco ficam assegurados os interesses da sociedade em matéria de bem-estar colectivo, sustentabilidade ecológica e coesão social. Em particular, ficam completamente a descoberto os direitos das novas gerações.

É imperioso, pois, refundar a figura da empresa capitalista, considerando-a como um ente com responsabilidades não só face ao capital, mas também para com os próprios trabalhadores, os seus clientes e fornecedores e diante da própria sociedade em que se insere e da qual beneficia a múltiplos títulos. Daqui decorre que é urgente, não só aprofundar os princípios éticos de uma gestão responsável, como criar um novo ordenamento jurídico-institucional que fomente a responsabilidade social das empresas, entendida aquela no sentido amplo acima referido, e responsabilize os gestores pela prestação de contas em todas estas vertentes. Há que passar do modelo de empresa capitalista ao de empresa cidadã. Este é um passo fundamental no sentido da democratização da economia.

Inovação social e desenvolvimento local

A globalização da economia trouxe indiscutível progresso material, mas tem vindo também a acumular riscos sistémicos consideráveis e daí a tomada de consciência da imperiosa necessidade da sua regulação e do reforço do papel dos Estados nacionais e instâncias supranacionais.

Para além do caminho a fazer nesse sentido, importa, porém, virar a atenção para as potencialidades de um desenvolvimento a partir das necessidades e recursos locais.

A economia globalizada deixa por satisfazer necessidades básicas e aspirações humanas que só a economia de proximidade conhece e pode satisfazer. Por outro lado, existem recursos locais, recursos humanos e recursos naturais que não encontram emprego na esfera mercantil e que só uma estratégia de desenvolvimento definida a partir de baixo permite valorizar.

Governo e autarquias deveriam empenhar-se em promover o desenvolvimento local, acolhendo, apoiando e valorizando as iniciativas da sociedade civil, fortalecendo um sector de economia social inovador e eficiente.

GERAR E GERIR ALTERNATIVAS ECONÓMICAS A PARTIR DE BAIXO

MIGUEL MADEIRA

A Argentina dos anos 90 faz lembrar, em muitos aspectos, a Europa actual. O peso tinha então um câmbio fixo de 1 para 1 com o dólar e por cada peso em circulação o Banco Central tinha de ter um dólar nos seus cofres, o que a colocava numa situação idêntica à que têm actualmente grécias, portugais, irlandas, etc., submetidos a uma política monetária e cambial comum no contexto de um espaço sem uma política orçamental comum.

Como parece estar a acontecer na Europa, ao fim de algum tempo essa situação revelou-se insustentável e o governo argentino viu-se obrigado, primeiro, a congelar as contas bancárias, depois, a desvalorizar o peso e, finalmente, a abandonar a ideia de um câmbio fixo peso-dólar.

No meio desse processo, ou simultaneamente como causa e consequência dele, rebentou uma enorme crise económica, com um aumento brutal do desemprego e o fecho de inúmeras empresas.

Esta descrição «macro» da crise argentina já foi referida imensas vezes; o que pretendo abordar é uma realidade mais «micro». Sobretudo em 2001, várias empresas fechadas foram ocupadas («recuperadas») pelos seus trabalhadores, que as repuseram a funcionar, sendo muitas delas hoje «casos de sucesso», ainda mais atendendo às dificuldades, a começar por muitas vezes não serem legalmente reconhecidas, o que dificulta as suas relações com clientes, fornecedores e credores.

Alguns exemplos dessas empresas «recuperadas» (palavra com um duplo significado: «recuperadas» da crise e «recuperadas» pelos trabalhadores das mãos dos capitalistas) são o Hotal Bauen e a fábrica de chocolate Arrufat em Buenos Aires ou a cerâmica Zanon, actualmente chamada «FaSinPat – Fabrica Sem Patrões», no Sul do país.

Mas o que permite que empresas falidas se tornem viáveis quando geridas pelos próprios trabalhadores? No fim de contas, a mudança de um gestor não muda as «leis» da economia, ainda mais quando o contexto social global se manteve. Logo, poderia argumentar-se que uma empresa que era inviável com uma gestão continuaria a ser inviável com outra. Algumas explicações são possíveis para o sucesso dessas empresas.

Suponho, em primeiro lugar, que numa empresa controlada pelos próprios trabalhadores estes estão dispostos a fazer sacrifícios temporários que dificilmente estariam dispostos a fazer para um patrão. Por exemplo, quando passam reportagens na televisão sobre empresas (definitiva ou temporariamente) ocupadas pelos seus trabalhadores (até em Portugal se vêem de vez em quando casos desses), é frequente vermos os tais trabalhadores trabalhando turnos seguidos, muito mais que as horas legais ou contratuais, e passando meses sem receber ordenado até viabilizarem a empresa. No caso argentino, durante essa fase das ocupações, muita gente dependeu dos contributos de vizinhos e associações cívicas. Esse comportamento é perfeitamente lógico e racional – numa empresa capitalista, os trabalhadores têm muito menos razão para fazer sacrifícios presentes pelo futuro da empresa; feitas as contas, que garantia têm de que quem vai auferir desses benefícios futuros serão eles e não apenas o patrão? Aliás, muitas vezes diz-se que «as cooperativas não funcionam, que exigem um grau de altruísmo e de espírito de sacrifício que vai contra a natureza humana», mas nunca se explica por que razão será preciso mais altruísmo para trabalhar numa cooperativa de 50 associados do que numa empresa «convencional» com 50 empregados (afinal, requer menos «espírito de sacrifício» trabalharmos para uma entidade em que temos 2% do que para uma em que temos 0%).

Em Portugal, um caso de sucesso parcial

Em segundo lugar, note-se que um dos grandes problemas das falências, mesmo no caso de empresas que até seriam viáveis se não fosse o passivo acumulado, é a duração do processo de falência, em que a empresa não pertence bem aos (anteriores) proprietários nem aos credores, e em que todos os envolvidos se preocupam mais em salvar algum do seu capital do que com o futuro da empresa (os antigos proprietários frequentemente desviando os activos da empresa para o seu património pessoal; e os credores, nomeadamente a banca, mais preocupados em vender as máquinas e instalações da empresa do que em geri-la, até porque normalmente não é esse o seu ramo de actividade). No caso das «fábricas recuperadas» argentinas, muitas tinham sido simplesmente abandonadas pelos antigos patrões, provavelmente para se livrarem das dívidas. Nesse contexto, a ocupação pelos trabalhadores de uma empresa em processo de falência acaba por resolver esse problema. Passa a haver de novo «alguém», neste caso, o colectivo dos trabalhadores, a mandar na empresa, e ainda por cima um «alguém» que tem um interesse claro em viabilizá-la (são os seus empregos que estão em perigo) e que, em princípio, tem algum conhecimento do negócio da empresa (trabalhando lá, mesmo que cada um dos trabalhadores conheça pouco da actividade da empresa, no conjunto conhecê-la-ão, sobretudo se o pessoal técnico também participar do movimento).

Em «economês», poderíamos dizer, acerca de ambos os efeitos, que o controlo pelos trabalhadores reduz os «custos de transacção».

Diga-se que em Portugal também há um caso de sucesso parcial de uma empresa «recuperada» pela ocupação. Trata-se de uma fábrica têxtil do Norte, as Confecções Afonso, de Arcos de Valdevez (cerca de 100 trabalhadoras). Em 2004 os proprietários tentaram «deslocalizá-la» mas as trabalhadoras, aparentemente lideradas por uma espécie de subdirectora da fábrica, impediram a saída das máquinas, tendo assumindo o controlo da empresa ([1]), até que um ano depois os anteriores proprietários acabaram por a vender por um euro à organizadora da ocupação. Porque digo um sucesso «parcial»? Foi um sucesso, porque salvaram os seus postos de trabalho; mas foi parcial, porque no fim acabaram por apenas mudar de patrão.

A nível microeconómico, isso pode contribuir para amenizar as crises, nomeadamente para amenizar a vaga de falências que costuma ocorrer numa situação de deflação. Mas não resolve os problemas macroeconómicos por trás das crises, nomeadamente as crises da procura agregada, ainda mais agravadas por políticas orçamentais restritivas, como estamos a viver agora. É aí que eu quero chegar com o exemplo seguinte.

No princípio dos anos 90, a economia mundial estava igualmente em recessão (recessão essa que também iria ajudar a tirar o Partido Republicano da Casa Branca, à época ocupada por um Bush mais preocupado com guerras no Médio Oriente do que com a economia).

Em Ithaca, uma cidade norte-americana no estado de Nova Iorque, um activista local, inspirado pela leitura de «socialistas utópicos» como Robert Owen e Josiah Warren, lançou, em 1991, o *hour,* uma moeda alternativa, em colaboração com vários estabelecimentos de negócios locais. O mecanismo é o seguinte: quem quiser negociar em *hours* e aceitá-los como pagamento inscreve-se na associação que emite e gere a «moeda local»; o seu nome é incluído num directório de entidades que aceitam pagamentos em *hours* e, periodicamente, os associados recebem alguns *hours* para gastar. Essa iniciativa teve grande sucesso local e actualmente grande parte dos negócios em Ithaca aceitam o pagamento em *hours*.

Sistemas como este têm aparecido em vários sítios nas últimas duas décadas, seja criando mesmo uma moeda local com existência física (como o referido *hour*), seja através de sistemas como o LETS (Local Exchange Trading System – aí, todos

---

([1]) Ver «Fábrica salva por "instinto feminino"», *Jornal de Notícias*, 29 de Novembro de 2009.

os associados têm uma espécie de «conta-corrente» e, quando um compra alguma coisa a outro, o valor é adicionado à conta do vendedor e subtraído à do comprador; em princípio, em cada momento a soma dos saldos dos associados deve ser igual a zero); aliás, voltando ao caso da crise argentina, também aí chegou a desenvolver-se uma «moeda» desse género, o «crédito».

Essas «moedas locais» e experiências semelhantes costumam ser apresentadas sobretudo como uma forma de «o dinheiro não sair da comunidade»; o autor destas linhas até tem algumas reservas em relação a esse objectivo (afinal, dinheiro que não sai da comunidade X é dinheiro que não entra na comunidade Y...). No entanto, acabam por desempenhar também outro papel, pois são uma forma de estimular a procura. Afinal, os efeitos económicos de uma associação (como em Ithaca) distribuir aos seus membros uma «moeda complementar» são semelhantes, ainda que em ponto pequeno, aos efeitos expansionistas de um défice orçamental e de uma expansão monetária. Algumas dessas moedas, exactamente para encorajar os utilizadores a gastá-las depressa, até têm um juro negativo (isto é, se não forem gastas num certo período, o seu valor reduz-se).

Poderiam estas «moedas locais» ser suficientes para contrabalançar as políticas pró-recessão dos governos e bancos centrais? Estou convencido de que não. Em primeiro lugar, exactamente porque são iniciativas locais, pelo que, numa economia globalizada, terão sempre um papel marginal. Com efeito, mesmo nas localidades em que são lançadas, a moeda mais corrente é a moeda oficial, já que é com essa que se compra tudo o que não seja produzido por participantes no projecto. Além disso, não serão suficientes porque estarão sempre em desvantagem competitiva face às moedas suportadas pelos Estados; logo, grande parte das pessoas preferirão sempre usar a moeda «oficial».

No entanto, tanto as «empresas recuperadas» como as «moedas locais» contribuem, por um lado, como paliativos para a crise e, por outro, podem servir de base (e de exemplo) para políticas de âmbito mais macro-social. Por exemplo, a existência de fábricas autogeridas ajuda a pôr em causa a ideia de que os gestores são fundamentais e que por isso têm de receber prémios avultados; e a existência de políticas locais e relativamente bem sucedidas de estímulo à economia pelo lado da procura ajuda a defender a ideia de que é necessário estimular a economia pelo lado da procura. Uma potencial terceira vantagem dessas formas de auto-organização popular é poderem servir como um esboço de poder paralelo ao poder do Estado, que poderá vir a ser útil como foco de resistência a certas tentações autoritárias que podem vir a desenhar-se em alguns países, como já aconteceu noutras crises globais.

TERRITÓRIOS E COESÃO TERRITORIAL: HÁ SOLUÇÕES INCLUSIVAS PARA A CRISE

José Reis

Entre as experiências deixadas pelas crises económicas das últimas décadas do século passado há uma que merece o consenso daqueles que analisam a sociedade e a economia dando valor aos aspectos territoriais. Pareceu claro que as transições ou adaptações do modelo de desenvolvimento originadas por aquelas crises implicaram quase sempre a emergência de lógicas descentralizadoras, enfatizando o papel dos territórios infra-nacionais na criação de novas oportunidades, em geral de tipo inovador, e das quais resultaram capacidades para a superação dos problemas e para o lançamento de trajectórias originais de organização social.

Nesses períodos de bloqueamento do modelo de desenvolvimento, regiões e vários tipos de comunidades locais puderam encontrar espaço para novas formas de inserção nos processos nacionais e internacionais, as quais terão ajudado a aumentar o grau de coesão, tanto territorial como social.

Uma análise da forma como evoluiu o quadro nacional português ao longo das passadas décadas de setenta e oitenta não negaria uma perspectiva deste tipo. Pelo contrário, permitiria ilustrá-la com múltiplos exemplos, tanto à escala municipal como a uma escala regional mais ampla. Foi então que experiências de industrialização local relativamente assinaláveis tiveram acelerações muito significativas (dê-se, por todos, os exemplos bastante estudados da Marinha Grande, com o que se passou nos moldes, ou de Águeda, com as indústrias metalomecânicas) ou que, em múltiplos outros casos, se verificou uma socialização de comunidades mais tradicionais com o emprego não agrícola, industrial ou terciário, desenvolvendo qualitativamente esses meios e conferindo-lhe qualidades urbanas que a sua natureza difusa não deixaria adivinhar.

Para além do plano local, foi também certo que a articulação dos grandes espaços em que geralmente representamos a estrutura territorial do país – as cinco regiões de planeamento do Continente e as regiões autónomas – se reconfigurou, em benefício de um maior equilíbrio, com ganhos para o crescimento e o emprego e para a superação de situações insustentavelmente periféricas. Dito de outro modo, os territórios insulares, o Alentejo, as zonas interiores das regiões Norte e Centro alteraram significativamente a sua condição económica e social, ao mesmo tempo que foram um factor positivo no modelo de desenvolvimento do país.

No plano internacional também não faltam registos de casos em que o território se revela um elemento matricial da vida colectiva, dando expressão positiva à proximidade, ao reforço das capacidades organizativas e à geração de formas de eficiência colectiva pela integração de uma grande variedade de actores e pela articulação de cadeias de valor. O território é, de facto, o lugar onde o microeconómico se robustece e a dispersão avulsa se contraria. Silicon Valley, a tão celebrada Finlândia, a Itália dos distritos industriais marshallianos ou, em geral, aos vários «milagres» nunca previstos por ciências tão ciosas da sua normatividade, como é o caso da Economia, contam-se entre os múltiplos exemplos em que é necessário chamar o território, a descentralização e a mobilização daquilo a que alguns chamam capital social para se compreender devidamente o processo económico e social em causa e as raízes das capacidades que se revelaram.

Uma crise patológica: recriar a economia a partir do desenvolvimento inclusivo

A crise actual, originada na desmanda financeira, assumiu uma forma patológica quando se tornou um clima perverso contra a economia – isto é, contra a criação de riqueza, a promoção do emprego, a provisão de bens e serviços, a circulação de activos reais com que se aprofunda a capacidade organizativa das sociedades. De facto, é bem sabido como a obsessão orçamental e a ortodoxia monetarista criaram uma lógica recessiva cujas consequências talvez apenas parcialmente possam ser avaliadas.

Haverá então, neste ambiente de falta de perspectivas e de oportunidades, neste ambiente de aversão ao que faz das sociedades entidades dinâmicas, um lugar positivo para o território e para o papel que este possa assumir para desencadear inovação e coesão?

Quem, na economia e na sociedade, valorize a variedade dos processos de desenvolvimento e a ache um elemento genético dos processos dinâmicos; quem dê valor à eficiência colectiva, à criação de externalidades organizacionais e às lógicas de «clusterização» que o território potencia; quem entenda que as formas de desenvolvimento territorial comportam poderosos factores de produção de coesão e que esta é condição essencial para um desenvolvimento inclusivo não hesitará em dizer que sim. Que sim, que há soluções sociais que terão de emergir da crise com as quais se reinventarão quadros organizativos refractários face às lógicas recessivas, discrepantes relativamente às convicções descarnadas da regulação mercantil esquemática, alternativos por contraposição ao poder desproporcionado que cabe à especulação e à finança, em detrimento da criação de riqueza e da provisão de bens e serviços úteis.

As condições de vitalidade deste tipo de soluções estão há muito identificadas – pelo menos desde que Alfred Marshall (1842-1924) estudou certas aglomerações industriais inglesas e verificou que havia meios produtivos em que se formava *uma cultura técnica* (uma combinação de saberes tácitos e de saberes codificados) disponível para o uso generalizado por um conjunto de empresas, se aprofundava *uma especialização* e se estabelecia *um sistema de relações interindustriais* que articulava entre si as várias unidades microeconómicas, gerando uma divisão técnica do trabalho e que tudo isto conferia especiais capacidades a estes sistemas locais. Vistos enquanto territórios, estes eram, portanto, contextos para o desenvolvimento de externalidades positivas e eram um factor poderoso de criação de riqueza e até, dir-se-ia hoje, de inovação. Os territórios contavam, pois, para a capacidade de crescimento da economia.

Uma nova urgência de descentralização em Portugal

Mas os territórios não contam só enquanto meios de dinamização da economia, numa escala que também tem sido designada meso-económica – algo que supera a dimensão micro das unidades produtivas que os constituem e que, entretanto, funciona num plano infra-macro. Nas suas diferenças, os territórios são também elementos de organização essencial da economia globalmente considerada. À escala nacional, cada território pode ser encarado como um contribuinte específico para uma espécie de perequação de que resulta a lógica (boa ou má; melhor ou pior) da própria economia, no seu conjunto. Quer dizer, os territórios representam contributos específicos para o modelo de desenvolvimento. E pode admitir-se que o modelo seria menos capaz na ausência dessa diversidade de soluções territoriais.

Por exemplo, no Portugal de hoje é notório que é da diferenciação das formas de organização territorial que resulta um especial alargamento dos mercados do trabalho, pois, por comparação com a média nacional, são muito diferentes as intensidades de prestação de trabalho e de geração de emprego observadas nas NUTS III (NUTS: Nomenclaturas de Unidades Territoriais – para fins estatísticos) que constituem o país. Entre os casos mais salientes estão regiões de industrialização e urbanização difusas, assim como algumas do interior. E o mesmo se passa com outras variáveis e relações, como o produto e o consumo ou as exportações.

Em geral, é admissível dizer-se que o território exprime a possibilidade de definir políticas descentralizadas cujo principal mote seja mobilizar capacidades de diferente natureza e, assim, criar compósitos de organização e produção que se supõem mais ricos e mais enriquecedores do que os modelos homogéneos.

A validade de um princípio desta natureza parece-me particularmente justificada em Portugal. O Quarto Relatório sobre a Coesão Económica e Social (Maio de 2007) mostra uma muito clara hierarquia regional em Portugal. A riqueza por habitante criada na região Lisboa é já 106% da média comunitária, colocando-a entre indicadores nacionais como os da Espanha e da França ou da Itália, mas obviamente a uma grande distância das regiões e dos países europeus mais desenvolvidos. A Madeira (91%) destaca-se igualmente. No Continente, o facto marcante desta hierarquia regional é a condição do Norte como região mais pobre do país (59% da média dos 27), no culminar de um processo de regressão das suas capacidades, ilustrado também por uma taxa de crescimento média anual no período 1995-2004 significativamente mais baixa (1,8%) do que a do país (2,6%) e as das restantes regiões.

Hoje, as disparidades regionais do Produto Interno Bruto (PIB) *per capita* (representando a riqueza produzida por habitante) entre NUTS III em Portugal, medidas pelo índice de Gini, estarão próximas da média da Organização de Cooperação e Desenvolvimento Económico (OCDE) – 0,14 *versus* 0,15 – e não muito distantes das de países europeus como a Alemanha, a Espanha, a Itália, a Áustria ou o Reino Unido. Mas já a disparidade, também entre NUTS III, do volume do PIB regional (índice de Gini, 0,57) é muito mais elevada do que aquela média (0,48), afastando-se dos países referidos (OCDE, 2008, p. 39).

Quer isto dizer que os territórios infranacionais que compõem o país têm *massas* económicas ou demográficas muito diferentes, e que os seus pesos respectivos nas dinâmicas económicas, sociais e políticas são igualmente diversos. De facto, a concentração espacial de factores cruciais para a equidade é forte e persistentemente forte, quer se trate da população, da criação de riqueza ou de emprego. A Grande Lisboa representa 31,4% do PIB nacional (para 19,1% da população e 22,2% do emprego) e, juntamente com o Grande Porto, somam 43,6% da riqueza produzida (33,8% do emprego e 31,2% da população). A Península de Setúbal (4,3%, 4,7% e 7,4% de cada um destes indicadores) é a única unidade territorial com *massa* ainda significativa, mas é claro que o seu principal significado é somar-se à Grande Lisboa, no quadro metropolitano. Tudo isto significa, inversamente, que os restantes territórios estruturados (NUTS III) têm uma dimensão abaixo dos 5%, incluindo o Algarve (que também é uma NUTS II) e as Regiões Autónomas insulares.

O quadro regional português, encarado a partir destes indicadores, pode pois descrever-se do seguinte modo: presença de *massas* regionais muito diferentes, o que aponta para uma forte concentração dos recursos em poucas unidades territoriais, especialmente quando se trata da criação de riqueza; uma também forte concentração da população e do emprego; uma forte assimetria da distribuição territorial do capital humano, num contexto de crescimento médio significativo, de tal forma que só três NUTS III (Grande Lisboa, Grande Porto e Baixo Mondego) se colocam acima da média nacional.

Mas o desenvolvimento regional é também uma questão de *dinamismos territoriais*, aspecto que assenta menos nos resultados consolidados e mais nos factores que, num determinado contexto económico, é possível mobilizar regionalmente. Como vimos, a hierarquia regional alterou-se muito em Portugal, nas últimas décadas. Destacaram-se positivamente Lisboa, o Algarve e a Madeira, que, com particular evidência, no período 1995-2001, cresceram significativamente acima da média nacional. Destacou-se o Norte que, de segunda região do país em 1983, passou para última nos dias que correm.

Finalmente, o desenvolvimento regional é uma questão de *políticas públicas*, isto é, de acções voluntaristas dirigidas a fins e objectivos determinados através do uso de recursos colectivos. Eles tanto podem ser o desenvolvimento das regiões mais necessitadas, para combater assimetrias graves (princípio da coesão), como podem ser a aposta nas regiões mais eficientes, para alcançar resultados globais mais positivos (princípio da competitividade). O que aqui se procurou defender é que há perdas potencialmente fortes quando se recusa valorizar o conjunto dos factores que o território oferece. Em geral, pode cair-se no erro do afunilamento das soluções. Em contextos de crise como as de hoje, pode subestimar-se o conjunto dos recursos com que se reforce o lado sustentável do funcionamento colectivo – aquele em que se cria riqueza, se assegura a provisão de bens e serviços úteis, em que se usam e valorizam os recursos humanos e em que se aumentam as capacidades colectivas, tanto as materiais como as imateriais.

A RESPOSTA BIPOLAR DA UNIÃO EUROPEIA

ANTÓNIO CARLOS DOS SANTOS

Uma visão demasiado optimista da situação mundial turvou na Europa a percepção da crise. As instituições europeias, como o demonstra a omissão do tema nas «Orientações Gerais de Política Económica 2008-2010», só em fins de 2008 se ocuparam da crise do *subprime* (1). Ora, esta não só se desencadeia muito antes, como vivemos em plena sucessão de crises desde o fim de Bretton Woods (1971) e das crises petrolíferas dos anos 70, de que são exemplo as crises da Indonésia, Singapura, Japão, Rússia, México, Brasil, Argentina, Etiópia e mesmo dos Estados Unidos (*crash* bolsista de 1985 e crise do *dot-com* de 2000-2001). Mas como aquelas irromperam longe do Ocidente e estas foram debeladas com mais ou menos custos, gerou-se a convicção de imunidade (2). Não admira assim o espanto de governos, instituições e da maioria dos economistas quando a crise se instalou (3). Como era possível, no século XXI, irromper uma crise que evocava a Grande Depressão de 1929-1931?

A União Europeia não estava preparada para isto. Por ausência de meios e de reflexão teórica consistente, reagiu tarde e de forma contraditória. A crise seria decorrente da

---

(1) A crise do *subprime* começou no fim de 2006 e desenrolou-se em 2007--2008 num cenário de *slow crash* (Serge Wibaut, «Quelles leçons tirer de la crise financière», *Regards économiques*, nº 64, 2008, p. 2),

(2) Segundo Luc Laeven e Fabian Valencia, («Systemic Banking Crisis: A New Database», IMF, WP nº 8/224, 2008), desde finais da década de 80 do século XX registaram-se 121 crises financeiras, com efeitos em 101 países.

(3) Sobre o véu ideológico que impediu a leitura dos sinais da crise, cf., do autor, «A ciência económica e a crise de 2007/8-2009: Crónica de um terramoto anunciado», *Revista OTOC*, nº 122, 2010, pp. 63-66.

falta de confiança dos agentes económicos, de políticas monetárias laxistas, do incremento do risco ligado ao crédito facilitado à habitação e de desequilíbrios macroeconómicos. Sem questionar a relevância de factores psicológicos e políticos no exacerbar da crise, choca a desistência do pensamento económico dominante em explicá-la a partir de factores de natureza económica. Como se ela fosse o resultado de elementos externos e não algo de intrinsecamente ligado ao funcionamento do sistema.

A simples evocação cronológica mostra quão tardia foi a reacção política da União. Em Fevereiro de 2007, o Banco HSBC anuncia a queda dos lucros devido a créditos imobiliários duvidosos; em 2 de Abril, a New Century Financial declara falência; em 17 de Julho, o banco Bear Sterns anuncia a total perda de valor de dois dos seus fundos devido ao *subprime*; em Agosto, o Banco Central Europeu (BCE) intervém no mercado monetário; em Setembro, o Northern Rock pede ajuda ao Banco de Inglaterra, registando-se a primeira corrida a depósitos desde 1866; em Outubro, os bancos UBS, Citygroup e Merrill Lynch apresentam perdas e a Reserva Federal americana (FED) reduziu a taxa de juro; em 6 de Dezembro, George W. Bush aprova um Plano de Emergência de 150 mil milhões de dólares, seguido em Janeiro de um Plano de relançamento económico para ajudar 1,2 milhões de famílias; em Fevereiro, dá-se a nacionalização do Northern Bank, em Março, a falência do Carlyle Capital Corporation, em Julho, a falência do IndyMac e surge o plano americano de ajuda ao sector imobiliário. Tudo isto culmina, em Setembro, com a falência do Lehman Brothers e a compra do Merryil Lynch.

Só a 7 de Outubro de 2008, o Ecofin, que reúne os ministros da Economia e Finanças dos Estados-membros (EM), alerta para a necessidade de aumentar a solidez do sistema financeiro, restabelecer a confiança e prevenir riscos sistémicos ([4]).

([4]) www.consilium.europa.eu/ueDocs/cms_Data/docs/pressdata/pt/ecofin/103568.pdf.

Foram formuladas orientações para a União e os EM, muitas delas ainda hoje por cumprir. Os apoios seriam oportunos e temporários; os EM atenderiam aos interesses dos contribuintes; os accionistas suportariam as consequências normais da intervenção; os EM poderiam alterar os planos de gestão das instituições e intervir nas remunerações dos gestores; estes não deveriam conservar lucros indevidos; os interesses dos concorrentes seriam protegidos e evitar-se-iam efeitos de propagação negativos. No mesmo mês, o Eurogrupo e o Conselho Europeu davam o aval a um plano coordenado para combater a crise que se concretizaria, a 25 de Outubro, com a definição de critérios para outorga de garantias e a introdução de regimes de recapitalização ou de liquidação controlada às instituições financeiras (5). A crise financeira arrastou uma grave crise económica. A Comissão, prevendo que a produtividade e o crescimento económico se reduzissem em 2009 e 2010, aprovou um *quadro de acção europeu tendo em vista a retoma económica*, assente numa estratégia concertada em três frentes (6). Em primeiro lugar, uma nova arquitectura europeia dos mercados financeiros, com propostas relativas às garantias de depósitos e aos requisitos dos fundos próprios, às normas de contabilidade, às agências de *rating* (notação), à remuneração dos quadros executivos, à supervisão dos mercados de capitais e dos instrumentos derivados, aos fundos de retorno absoluto e de capitais de investimento e à definição, pelo grupo De Larosière, do sistema regulamentar e de supervisão europeu das grandes instituições financeiras internacionais. Em segundo lugar, medidas

---

(5) Comissão Europeia, comunicação no *JOC*, nº 270, de 25 de Outubro de 2008, p. 8 ss. A 3 de Fevereiro de 2009, o Comité Económico e Financeiro (CEF), ao fazer um balanço dos auxílios ao sector financeiro, referia que cerca de 6% do PIB da União havia sido injectado nesse sector, a título de recapitalização ou de apoio à liquidez, e que o valor das garantias prestadas ascendia a cerca de 19% do PIB da União. O CEF já então alertava para o rápido aumento dos défices e dos níveis da dívida pública dos EM.

(6) Comunicação da Comissão Europeia nº 706 (final), de 29 de Outubro de 2008.

para enfrentar os impactos da crise na economia real e para relançar a actividade económica. Por último, uma resposta mundial à crise, em coordenação com o G8, o G20 e instituições internacionais.

Em 26 de Novembro de 2008, surge o Plano de Relançamento da Economia Europeia (PREE) que propunha uma resposta anticíclica de carácter macroeconómico ([7]). Não sendo a União (nem a zona euro) um espaço homogéneo, nem dispondo de um governo económico nem de um orçamento federal, não era fácil definir um plano que servisse, simultaneamente, as economias em crescimento (Polónia, Bulgária, Eslováquia e Roménia) e em ponto morto ou mesmo em recessão técnica, as economias com acentuada inflação (acima dos 10%, como a Bulgária, a Estónia e a Lituânia) e a outras com deflação.

O PREE, aprovado em 11-12 de Dezembro de 2008, baseava-se em dois pilares ([8]). O primeiro consistia numa injecção de poder de compra para fomento da procura e aumento da confiança até 1,5% do produto interno bruto (PIB) da União europeia, dos quais 97% provenientes dos EM. Esta injecção deveria ser, porém, efectuada no respeito do Pacto de Estabilidade e Crescimento (PEC), facto que mais se afigurava um *wishful thinking*, dada a profundidade da crise. Ficava, porém, o objectivo político. O segundo implicava uma orientação prioritária para investimentos inteligentes (qualificações, eficiência energética, tecnologias limpas), infra-estruturas e transportes amigos do ambiente no quadro das redes transeuropeias, interconexões (redes de energia, de tecnologia de informação e comunicação, de investigação), de modo a reforçar a competitividade da União. No plano orçamental, o PREE previa que o estímulo dos EM à economia e ao emprego em 2009 pri-

---

([7]) *Idem*, nº 800, 26 de Novembro de 2008, com uma previsão (subavaliada) de um esforço financeiro dos EM de 3,3% do PIB da União.

([8]) Cf. *Conclusões da Presidência do Conselho Europeu de Bruxelas*, documento 17271/1/08, de 13 de Fevereiro de 2009.

vilegiasse a despesa pública em detrimento da redução de impostos.

Em 17 de Dezembro de 2008, a Comissão aprova um *quadro de auxílios estatais para apoio ao acesso ao financiamento*, aceitando, para sanar perturbações graves, juros bonificados, garantias, incentivos à produção de produtos verdes e ao capital de risco, etc., *excepcionais* e *temporários* (em geral, de 17 de Dezembro de 2008 até 31 de Dezembro de 2010) ([9]). Em Abril de 2009, o impacto da crise financeira na economia obrigava os EM a recorrerem a ajudas maciças ([10]). Mas já os documentos preparatórios do Conselho Europeu da Primavera, que se dá num momento em que não se sabia (como não se sabe ainda) quanto tempo a crise iria durar (a curva da crise é em V, W, U ou em L?), insistiam no cumprimento do PEC ([11]). A principal preocupação da União era voltar, rapidamente, ao *statu quo*. O «keynesianismo» nunca chegara a existir. A intervenção dos EM fora uma inevitabilidade desagradável, sendo, a prazo, um problema. Propunha-se uma transição *suave* de regresso à ortodoxia orçamental (o pós-crise) que a prática mostra (como na Grécia e na Hungria) ser tudo, menos suave.

A União não é um Estado, nem a União Económica e Monetária (UEM) uma zona monetária óptima. Os EM são diferentemente afectados por crises, possuindo uma diversa capacidade de reacção. Só uma forte resposta política baseada na coesão territorial, económica e social permitiria um real combate à crise. Mas isso não está no horizonte dos EM exportadores líquidos, como a Alemanha, mais preocupada com o rigor orçamental e o controlo da inflação (mesmo em tempos

---

([9]) Cf. Comissão Europeia, comunicação 2009/C 83/01, de 17 de Dezembro de 2008, publicada em 7 de Abril de 2009 (alterações a 31 de Outubro de 2009).

([10]) European Commission, *State Aid: Overview of National Measures Adopted as a Response to the Fnancial/Economic Crisis*, Memo 10/52, Bruxelas, 26 de Fevereiro de 2010.

([11]) European Commission, *Driving European Recovery*, COM (2009) 114 final, Bruxelas, 4 de Março de 2009.

de recessão), ou dos EM que vêem a União Europeia como um grande mercado. Esta atitude (ideológica) míope conduz a uma espécie de esquizofrenia política. A palavra de ordem inicial era «apoiem as instituições financeiras, evitando riscos sistémicos», «apoiem os mais desfavorecidos», «incentivem as pequenas e médias empresas (PME)», etc. Numa palavra, até ao fim de 2010, «gastem». O número dos EM que deixaram de cumprir os critérios do défice ou da dívida, ou ambos, é significativo ([12]). Mas num ápice tudo mudou. O fim da recessão técnica em finais de 2009 era o princípio do fim da crise. A palavra de ordem passou a ser «poupem», «cortem na despesa pública», «atenção ao endividamento», etc. Ou de forma caricatural: os EM nuns dias da semana eram convidados a combater a crise, noutros a reduzir o défice e a dívida pública.

Portugal: o fio da navalha

Portugal revelou-se o habitual bom aluno. Primeiro, entre 2005 e 2008, reduziu o défice em 3,4 pontos percentuais do PIB. Segundo, perante a crise financeira, procurou evitar riscos sistémicos, nacionalizando o BPN (um caso de polícia) e atribuindo ajudas (compatíveis com as regras dos auxílios públicos?) ao BPP (outro caso de polícia). Terceiro, em face da crise económica, definiu uma política de infra-estruturas e obras de proximidade e procedeu a algumas reduções tributárias; com isto viu disparar, de novo, o défice (para 9,3%) e a dívida pública (para 77,2% em 2009). Quarto, após o «ultimato» da União (e da Alemanha) e das agências de notação, aprovou, em Março de 2010, o Programa de Estabilidade e Crescimento para 2010-2013, visando, até 2013, reduzir o

([12]) Foram objecto de procedimento de défice excessivo, em 2008, a Espanha, a França, a Grécia, a Irlanda, Malta e a Letónia e, em 2009, Portugal, a Bélgica, a República Checa, a Alemanha, a Itália, a Holanda, a Áustria, a Polónia e a Eslováquia.

défice para 2,8% e impedir que a dívida pública ultrapasse os 89,8% do PIB. Compatibilizar austeridade (sem convulsões) com crescimento não será a quadratura do círculo, mas é o fio da navalha.

Neste processo, fica, infelizmente, a suspeita de que na base da viragem da União Europeia esteja a capitulação perante uma estratégia de poder do capital financeiro. O sistema financeiro europeu foi salvo do crédito malparado (e de ilícitos criminais) pelo dinheiro dos contribuintes. Na União, ao contrário do que ocorreu nos Estados Unidos, não foram, até agora, exigidas às instituições financeiras quaisquer contrapartidas sérias. O essencial do programa de regulação e reforço de supervisão destas instituições não está feito. Sem controlo, elas especulam contra o euro, agravando o custo da dívida e os défices dos EM, mas garantindo poder e lucros fabulosos. Neste quadro, são legítimas as dúvidas sobre o modo como a União e a Alemanha têm lidado com a crise, impondo programas de austeridade que põem em risco a retoma e o crescimento económico, sem que haja esperanças de que os sacrifícios redundem num acréscimo de bem-estar por todos partilhado.

A Comissão reconhece hoje o impacto brutal de uma crise que não tem precedentes em épocas recentes. O PIB da União desceu 4% em 2009, a produção industrial está ao nível dos anos 90. O desemprego afecta 23 milhões de pessoas. As empresas e famílias têm dificuldades em financiar-se. Os défices financeiros atingem em média 7% do PIB e os níveis da dívida mais de 80%. Perderam-se em dois anos de crise vinte anos de consolidação orçamental e o potencial de crescimento da União é agora de metade ([13]). A nova estratégia para a Europa 2020, tendo por prioridades um crescimento económico inteligente, sustentável e inclusivo dificilmente se compa-

([13]) Comunicação da Comissão Europeia, nº 2020 (final), de 3 de Março de 2010, p. 8.

dece com a obrigação de, em plena crise, os EM terem de impor, num curto prazo, rígidos planos de austeridade ([14]).

Termino com uma citação de homenagem à memória de João Aguiar, em que a literatura (não económica) se antecipa à crua realidade: «Era aquele tempo em que os senhores dos povos, os descobertos e os encobertos, falavam de uma Grande Aldeia mundial e essa Aldeia se formara e tornava próspera a poder do trabalho de homens e mulheres que viam as suas vidas tornadas somente esforço destinado a lucros de poderes discretos e terríveis e à mercê inteira da mui temerosa Conjuntura Económica, a qual Conjuntura lhes retirava o pão sempre que tal lhe fosse convenhável a ela, sem atentar em que por força a economia há-de existir para servir os povos e não estes a economia, porém os senhores encobertos e descobertos escarneciam deste princípio e de todos os outros. E mais escarneciam dele os encobertos, por estarem mui seguros e quasemente desconhecidos, atrás dos seus Conselhos de Administração de suas anónimas sociedades.» (*Diálogo das Compensadas*, 2001).

([14]) Paul Krugman, perante o fracasso político do G20 e o ressurgimento da ortodoxia do equilíbrio orçamental, receia estarmos no início de uma terceira depressão, similar à de 1873: «Não há evidência de que uma austeridade a curto prazo, ante uma economia deprimida, vá tranquilizar os investidores. Pelo contrário: a Grécia concordou com um plano de austeridade, mas viu os seus riscos ampliarem-se; a Irlanda estabeleceu cortes brutais dos gastos públicos e foi tratada pelos mercados como um país com maior risco que a Espanha.» («A terceira depressão», *O Estado de São Paulo*, 29 de Junho de 2010).

A ECONOMIA POLÍTICA DA AUSTERIDADE ORÇAMENTAL

João Rodrigues

«Em Portugal, a evolução dos salários da função pública é um dos mais importantes factores de influência nas negociações salariais do sector privado. A redução de salários da função pública não poderá deixar de ter um forte efeito na moderação salarial no sector privado.» A página trinta e três do relatório do orçamento proposto pelo governo para 2011 sublinha a lógica da política económica em curso, que, com maiores ou menores encenações, conta com o apoio do Partido Social Democrata (PSD), de Aníbal Cavaco Silva e das fracções mais medíocres do capitalismo português: assegurar uma quebra nos rendimentos, directos e indirectos, do trabalho no sector público e, por arrastamento, no sector privado. Depois de propor um corte de 5% na massa salarial da função pública, o ministro das Finanças, Fernando Teixeira dos Santos, afirmava que um corte de salários no sector privado «reforçaria a competitividade» ([1]).

Os cortes previstos de 10% nos gastos com o subsídio de desemprego e com o rendimento social de inserção, num contexto em que a taxa de desemprego passará, de acordo com as irrealistas perspectivas do governo, de 10,6% para 10,8%, o que ainda assim corresponde à destruição de noventa mil postos de trabalho, inscreve-se na mesma lógica, ou seja, aprofundar uma economia do medo tendente a levar à aceitação pelos assalariados, actuais e putativos, de reduções do poder de compra do seus salários e de deterioração das suas condições de

---

([1]) *Jornal de Negócios*, 18 de Outubro de 2010.

trabalho. O que está aqui em jogo é um processo de transferência dos custos sociais do ajustamento à crise do capitalismo financeirizado para o «factor trabalho», a expressão de Cavaco Silva que é todo um programa político. Esta escolha política, simultaneamente nacional e europeia, assenta num diagnóstico e em hipóteses económicas dúbias, que escrutinarei antes de expor os contornos de uma alternativa de política económica mais robusta. Esta é tanto mais necessária quanto Portugal é, juntamente com a Itália e à excepção do Haiti, o país que menos crescimento cumulativo registou nos últimos dez anos a nível mundial (2,43% e 6,47%, respectivamente). Ao contrário do que se afirma por aí, os problemas das finanças públicas são consequência desta estagnação, que muito deve a um euro disfuncional e a outras factores estruturais, e não a sua causa ([2]).

Reduzir o Estado a uma família e o trabalho a um custo

Estamos perante a mais intensa política de austeridade desde o 25 de Abril, contabilizada, por agora, em mais de 11 mil milhões de euros em 2010 e 2011, representando 6,7% do produto interno bruto (PIB) português. Só somos ultrapassados pela Grécia (12,6% do PIB grego em três anos), afastamo-nos da Irlanda (4,4% em dois anos) e estamos muito longe da Espanha (1,4%) ([3]). O orçamento de 2011 prevê medidas de austeridade que ultrapassam os 5 mil milhões de euros, que se traduzirão numa forte quebra dos rendimentos das classes populares, apertadas pelos cortes brutais das despesas sociais e pelo aumento do imposto sobre o valor acrescentado (IVA) em dois pontos percentuais para um recorde de 23%, num dos

---

([2]) Ver, respectivamente, *El País*, 24 de Outubro de 2010, e João Rodrigues e Nuno Teles, «Para lá da economia-2012», *Le Monde diplomatique – edição portuguesa*, Janeiro de 2010 (página xxx desta edição).

([3]) *Público*, 2 de Outubro de 2010.

países da Europa onde este imposto penalizador dos mais pobres, que consomem o seu rendimento, mais pesa na estrutura de impostos ([4]). Juntem a isto as reduções das despesas públicas nas áreas da saúde e da educação, os cortes nos abonos de família ou a perda de poder de compra das pensões e temos um processo de fragilização do Estado social que nos afasta ainda mais do ideal da universalidade e da gratuitidade no acesso, as duas melhores vias para garantir a sua eficácia redistributiva e sobrevivência política, a partir do momento em que todos os grupos sociais dele beneficiam.

Vale tudo para reduzir aceleradamente o peso do défice e da dívida no PIB? Isto num contexto económico tão periclitante e depois de uma crise económica que aumentou o défice, e logo a dívida. Estes aumentos evitaram uma depressão semelhante à dos anos trinta, graças aos efeitos dos chamados estabilizadores automáticos, ou seja, à quebra automática das receitas fiscais e ao aumento das despesas públicas num contexto em que os Estados, felizmente, têm maior peso ([5]). Vejamos o que aconteceu na zona euro: 0,6% de défice orçamental em média no ano de 2007; 6,3% do PIB em 2009. Aumentos generalizados do peso da dívida pública no PIB.

O governo e os economistas do medo que cirandam por Belém, pelos estúdios de televisão e pelas sinecuras públicas e privadas repetem a mesma cassete, sem cuidarem do contexto: equilíbrio das contas públicas a todo o custo, credibilidade internacional, financiamento da economia portuguesa, aumento da competitividade internacional, maior selectividade e sustentabilidade das políticas sociais. Estranhamente, os efeitos perversos da austeridade não são contabilizados num

---

([4]) Em Portugal, o regressivo IVA representa 8,7% do PIB e o progressivo IRS 5,8% do PIB; na zona euro a média é de 7,5% e de 7,9%, respectivamente.

([5]) De fora ficou o tão propalado, pelo governo, aumento deliberado do investimento público. Este continuou, na realidade, sempre anémico. E foi parcialmente responsável pelo facto de Portugal ter sido um dos países europeus com os mais fracos estímulos económicos em percentagem do PIB.

discurso moralista sobre as finanças públicas, que ora trata os défices como o resultado do «despesismo» de um governo que não se comporta como uma boa família, ora como o resultado do esforço titânico para debelar de forma resoluta a crise, que agora há que interromper para ganhar credibilidade perante mercados financeiros liberalizados que exigem remunerações usurárias para deterem dívida pública nacional.

Acontece que tentar desenhar políticas a pensar nos voláteis e especulativos «mercados» é um exercício votado ao fracasso. Os cortes comprimem o mercado interno, o que gera recessão e aumenta o desemprego. Ao prever um crescimento de 0,2%, assente exclusivamente nas exportações, o governo mostra a mesma miopia face ao desastre de que foram vítimas outros governos: por exemplo, na precoce Irlanda previa-se um crescimento de 1% para 2009, no seguimento da austeridade, e acabou-se com uma quebra de 10%...

A verdade é que o governo aposta nos cortes e num processo de deflação salarial para corrigir os desequilíbrios com o exterior, traduzidos num elevado endividamento externo, que é privado em cerca de 76%, numa União Europeia construída para que o trabalho seja visto apenas com um custo a conter e não como uma fonte de procura. O diabo está mesmo nos detalhes desta utopia. Quem fez as contas sabe que os cortes salariais, que imitariam uma desvalorização cambial a sério e indisponível num contexto de moeda única, são brutais. Entretanto, o comprimido mercado interno europeu, fruto da austeridade generalizada, assegurará uma saída para as exportações abaixo do que está previsto. A recuperação das exportações este ano deveu-se à estabilização das economias depois do colapso de 2009. A recessão pressionará as contas públicas e garantirá, neste ambiente intelectual moribundo, novos cortes. As falências e a quebra de rendimentos aumentarão as dificuldades em servir a dívida privada e pública e logo afectarão o financiamento de toda a economia, levando ao incumprimento dos pagamentos. Os especuladores sem freios ampliarão tudo. Entraremos num ciclo vicioso cada vez mais perigoso.

Os moralistas das finanças públicas farão a demagogia do costume, porque o peso da dívida pública num PIB diminuído poderá não cair como se espera e a poupança privada não tenderá a aumentar, visto que depende dos rendimentos gerados pela actividade económica. Esquecem-se que o Estado não se pode comportar como uma família sem onerar as famílias realmente existentes através do desemprego. Esquecem-se que a evidência histórica disponível indica que os efeitos keynesianos da austeridade são reais e dominantes, ainda por cima num contexto de taxas de juro baixas e de ausência de política cambial, um dos elementos que ajudaram Portugal a sair da crise nos anos oitenta, no quadro do ajustamento patrocinado pelo Fundo Monetário Internacional (FMI) ([6]).

Para lá da austeridade simétrica

Perante esta catástrofe, o discurso das esquerdas sobre a política económica não pode ficar exclusivamente amarrado a propostas de justiça social focadas nas questões estruturais dos défices de equidade do sistema fiscal, traduzidos nos favores fiscais à banca e ao restante capital financeiro, ou na predação dos recursos públicos, por exemplo, através de ruinosas privatizações ou parcerias público-privadas, promotoras do controlo privado de serviços e infra-estruturas públicas. É preciso recusar a lógica da austeridade, mesmo que esta pudesse ser mais simétrica na distribuição dos fardos entre os diferentes grupos sociais. Esta opção de política económica amputa o mercado interno, uma das pernas necessárias ao crescimento, acentua a desindustrialização, mina as possibilidades de crescimento qualificado no longo prazo e atola duradouramente o país numa taxa de desemprego de dois dígitos. Isto para não

([6]) Arjun Jayadev e Mike Konczal, «The Boom Not the Slump: The Right Time for Austerity», Roosevelt Institute, 23 de Agosto de 2010, disponível em www.rooseveltinstitute.org.

falar dos problemas do incumprimento e reestruturação da dívida pública e privada, que se tornarão inevitáveis num contexto em que a zona euro poderá estar ameaçada. É preciso ter a coragem de dizer que a recessão, o desemprego e os desequilíbrios externos não serão debelados sem uma política pública de estímulo económico com escala europeia, que faça com que a política orçamental e monetária convirjam e acabe com a sua separação artificial, e sem uma política industrial de transformação da estrutura produtiva.

Para isso, é necessário, em primeiro lugar, que o Banco Central Europeu (BCE) possa imitar o Banco Central do Japão ou a Reserva Federal norte-americana e comportar-se como um verdadeiro banco central que emite moeda para financiar directa e parcialmente os défices públicos dos Estados. A proposta de Mike Weisbrot e Juan Montecino para a economia espanhola é um exemplo de bom senso, a replicar: os Estados periféricos não embarcariam em processos de consolidação orçamental aventureiros enquanto a crise não estivesse debelada. Até lá, o BCE financiaria os défices no montante equivalente à austeridade programada ([7]). Juntem a isto a proposta feita por Ronald Janssen, economista ligado à Confederação Europeia de Sindicatos: em vez de usar o fundo europeu recém-criado para salvar os bancos do centro, impondo a austeridade nas periferias, apliquem-se esses recursos num programa de estímulo à escala europeia, criando-se assim um princípio de política contracíclica, numa União completamente desarmada do ponto de vista orçamental, financiando-se, por exemplo, programas de investimento em energia e redes de transporte ([8]).

Ao mesmo tempo, e como sugere João Ferreira do Amaral, as periferias devem reconquistar instrumentos de política

---

([7]) Mike Weisbrot e Juan Montesino, «Alternatives to Fiscal Austerity in Spain», *Center for Economic and Policy Research*, Julho de 2010.

([8]) Ronald Janssen, «A Major Economic Stimulus to get Europe into Jobs and out of Debt», *Economic discussion note* 2010/3.

industrial e comercial para debelar os défices permanentes nas suas relações com o exterior. Isto passa por permitir a suspensão temporária das exigentes regras do mercado interno europeu, que impõem a concorrência entre economias com capacidades competitivas muito distintas, de modo a permitir ajudas aos sectores inovadores nacionais e alguma protecção face às importações ([9]). Se isso se conjugasse com a criação de mecanismos de coordenação salarial à escala europeia, que impedissem a continuada compressão dos custos laborais, em especial na Alemanha, bloquear-se-ia a destrutiva deflação salarial em que os países tentam ganhar vantagens comerciais à custa dos assalariados e de uma corrida para o fundo em que quase todos perdem. Uma alternativa a isto passaria pela criação dum mecanismo de saída temporária do euro, que permitisse uma desvalorização cambial promotora das exportações, conjugada com uma reestruturação da dívida e com ajudas europeias mais robustas.

Estas propostas são sensatas intelectualmente, mas de difícil concretização política. No fundo, elas exprimem a consciência de que a zona euro é uma criação disfuncional, uma utopia monetária, sem governo económico. No entanto, as elites dos países centrais, os grandes beneficiários deste processo, em conjunto com o sector financeiro e com os capitalistas de centro comercial e de construção civil das periferias, estão apostados é em reforçar o «estúpido» Pacto de Estabilidade e Crescimento com sanções financeiras para os «incumpridores» – mas apenas quando estes forem pequenos países, claro. O governo aceita acriticamente o moralismo das finanças públicas, que está de boa saúde também na União. A moralidade, nem por isso. De facto, as condições para uma economia civilizada, que crie empregos, que gere uma distribuição menos desigual, social e regionalmente, dos rendimentos e da

---

([9]) João Ferreira do Amaral, «O impasse», *Cadernos de Economia*, Abril-Junho de 2010.

riqueza e que seja ambientalmente sustentável estão cada vez mais distantes.

Neste cenário político, num contexto em que não podemos ficar nem sair da zona euro, a previsão de João Cravinho parece plausível: «a compressão interna prolongar-se-á por muitos anos, sendo inevitável o empobrecimento relativo do país» ([10]). No entanto, estou em crer que este cenário, que não se cinge a Portugal, não ocorrerá, pelo menos não no quadro da zona euro tal como a conhecemos. O colapso desta construção disfuncional poderá bem ser um cenário mais plausível. A história económica na Europa ainda não terminou.

([10]) *Jornal de Negócios*, 19 de Outubro de 2010.

DEPOIS DO FIM DO ROMANCE EUROPEU

EUGÉNIA PIRES, JOÃO RODRIGUES E NUNO TELES

A crise das dívidas soberanas periféricas na Europa é a segunda fase da crise que eclodiu nos Estados Unidos em 2008, fruto de décadas de hegemonia neoliberal. Esta segunda fase assinala, em definitivo, o fim do romance europeu que as elites das periferias viveram nas últimas décadas e o início de um ciclo vicioso de políticas de austeridade. De facto, todas as más opções de política foram justificadas em nome de amanhãs europeus que cantavam: da convergência nominal dos anos noventa que minou a competitividade das exportações até à aprovação de um Tratado de Lisboa que confirma a impotência da União no combate à crise económica e ao desemprego. Um romance que nunca ousou escrutinar ou criticar a viragem neoliberal da construção europeia desde Maastricht, na origem de muitos dos actuais problemas socioeconómicos europeus e nacionais. Este ciclo vicioso de políticas de austeridade, por sua vez, é a expressão máxima do que Slavoj Zizek apodou de «emergência económica permanente» (1). Esta apoia-se num conjunto de dispositivos e de instituições, algumas delas recém-criadas, como o Fundo Europeu de Estabilização Financeira, que torna utópica a ideia de manter um Estado social e um acervo de direitos laborais numa paisagem socioeconómica marcada por uma intensificação da reestruturação das economias periféricas, transformadas em autênticos laboratórios europeus.

---

(1) «Para sair da armadilha», *Le Monde diplomatique – edição portuguesa*, Novembro de 2010.

Depois da Grécia, a Irlanda vê-se agora obrigada a recorrer à «ajuda» europeia e do Fundo Monetário Internacional (FMI), esse eufemismo para uma nova ronda de políticas de austeridade, como contrapartida para empréstimos a taxas de juro só ligeiramente mais reduzidas do que aquelas que os «mercados» cobram agora às periferias. Isto para salvar o que resta do sistema financeiro irlandês, cujo colapso levou o défice público para os 32% este ano, e para garantir que as perdas dos credores, ou seja, dos bancos e investidores dos países centrais, os grandes detentores de dívida, são minimizadas. Não nos esqueçamos que a Irlanda era até há pouco tempo apontada, pelos economistas do medo, como um exemplo de coragem «austeritária» pela amplitude dos seus cortes orçamentais, que obviamente só agravaram os problemas financeiros e económicos do país. O mesmo vale para a Grécia, em particular depois de Maio de 2010, quando foi o primeiro Estado a recorrer ao Fundo Europeu em troca de cortes orçamentais selvagens. Os resultados económicos do terceiro trimestre ilustram a divisão entre economias em recuperação, como a portuguesa, que até há pouco resistiam à «emergência económica permanente», e economias em retracção, aquelas que foram precisamente pioneiras nas políticas de austeridade, como a economia grega ou a irlandesa. É claro que Portugal, sob pressão dos especuladores, que passam pelo nome de «mercados», das potências centrais e das elites do capitalismo medíocre, juntou-se agora em força ao clube da austeridade.

As taxas de juro da dívida pública são cada vez mais altas, sinalizando a convenção, a profecia que se auto-realiza, que se formou nos mercados financeiros acerca de economias com um trágico destino. O mais incrível é que, face aos claros riscos de contágio da crise, produto da amálgama que os mercados financeiros criam, estes países não conseguem articular-se minimamente numa tomada de posição comum que faça frente aos planos dos países centrais. A Espanha diz que não é Portugal (o nível da dívida pública é mais baixo). Portugal diz que não é a Irlanda (o nosso défice está a descer e os bancos estão de boa saúde). A Irlanda dizia até há pouco tempo que não era a Grécia (não precisava do recurso ao Fundo Europeu de Estabilização Financeira...).

Se é certo que cada economia nacional teve a sua própria trajectória, também sabemos que estes países partilharam, na última década, uma posição periférica dentro da mesma moeda, o euro, cujo comando político lhes escapa. Com um orçamento comum que não chega a 1% do produto interno bruto (PIB) europeu e sem um real governo económico, não existiram mecanismos compensadores dos desequilíbrios que se fossem construindo no espaço económico europeu. De um lado, economias robustas, com um crescimento baseado nas exportações e numa continuada política de compressão salarial que lhes permitiu ganhos de competitividade acrescidos, como a Alemanha ou a Holanda. Do outro lado, economias mais atrasadas, abertas ao exterior, com taxas de inflação mais altas que tornaram os seus próprios esforços de compressão salarial e de liberalização do mercado de trabalho inglórios. Com indústrias e serviços pouco sofisticados, deixados à mercê da mão invisível dos mercados europeus e globais, estes países sobreviveram com bolhas especulativas no sector imobiliário (Irlanda e Espanha), com persistentes défices públicos (Grécia) ou com estagnação (Portugal). No entanto, a falta de competitividade externa de todas estas economias traduziu-se em desequilíbrios crescentes das suas balanças de pagamentos, só mascarados pelo fácil endividamento externo provisionado por uma economia global financeirizada. Este mesmo endividamento externo dos países da periferia resultou em grande medida da acumulação de dívida do sector privado, normalmente financiado pelos capitais dos países do Centro induzidos pela protecção concedida pela União Económica e Monetária (UEM); em paralelo com a crescente financeirização interna, o modelo de crescimento adoptado pelo sector bancário na última década rapidamente se focalizou nas famílias.

Periferias devem trabalhar em propostas comuns

Não obstante o carácter privado do endividamento, a fragilidade intrínseca do modelo de expansão escolhido pelo sector bancário e o facto de a dívida pública apenas ter invertido a sua trajectória descendente com a crise de 2008-2009, o crescimento da dívida pública foi usado como «argumento» pelos mercados financeiros no seu ataque a economias fragilizadas pelos seus desequilíbrios estruturais. Só assim se explica que países europeus com dívidas públicas comparáveis face ao seu PIB não sofram as mesmas agruras, como é o caso da própria Alemanha.

Face à sua convergência objectiva, os países europeus periféricos devem, pois, abandonar um discurso virado para os mercados, onde apontam o dedo uns aos outros na vã esperança de os acalmar, e trabalhar em propostas comuns correctoras dos seus desequilíbrios a curto, médio e longo prazo. Esta necessidade é ainda mais vincada quando o risco acrescido da dívida soberana periférica também se deve às intenções europeias, formuladas sob pressão do eixo franco-alemão, de rever o Tratado de Lisboa para instituir um mecanismo – um fundo permanente de gestão de crises que substitua o Fundo Europeu de Estabilização Financeira quando este se extinguir em 2013. Um FMI na União em permanência, mas pior porque, claro, nem sequer existe a possibilidade de desvalorização cambial. Desta feita, trata-se de introduzir no Tratado a possibilidade de os Estados em dificuldades perante credores demasiado gananciosos reestruturarem a dívida sob comando dos países centrais que defendem os interesses do seu capital financeiro, ou seja, a possibilidade de declararem que os fluxos de pagamento da dívida são revistos e os prazos de pagamento também. Isto, claro, ao mesmo tempo que o Banco Central Europeu (BCE) compra dívidas destes Estados aos bancos comerciais franceses e alemães, assumindo as potenciais perdas dos bancos privados mas sem valer directamente aos soberanos em apuros e, em ultima análise, penalizando o cidadão comum pelo deslumbramento do sector financeiro, que em presença de taxas de juro historicamente baixas, incapacidade de avaliação do risco de crédito dos devedores e engenharia financeira não se conteve e almejou crescer indiscriminadamente.

No entanto, existe uma diferença entre uma reestruturação da dívida por iniciativa dos devedores, que já se deviam ter mexido em aliança, e uma por iniciativa dos credores. Os países centrais querem impor a segunda, claro. A primeira hipótese dá-nos conta de uma reestruturação da dívida (ou, no mínimo, da sua ameaça como forma de pressão europeia) que não só impusesse perdas significativas para os credores de forma a permitir uma real folga orçamental, mas que também incorporasse os diferentes interesses sociais aqui em causa. Esta opção apresenta-se como legítima em face dos desequilíbrios estruturais intrínsecos ao modelo de UEM imposto pelos países do Centro que se recusam a dotar a União de mecanismos protectores dos interesses dos Estados soberanos, deixando-os reféns dos ataques especulativos dos mercados. Esquecem a sua missão de protecção dos interesses do cidadão comum, que justificaria a intervenção disciplinadora do BCE, adquirindo dívida soberana directamente no mercado ou nos leilões de dívida como um verdadeiro banco central. No âmbito de uma reestruturação por iniciativa dos devedores, o primeiro passo de uma auditoria à dívida é imperativo. Só através de um processo transparente, publicamente escrutinado, que identifique quem detém a nossa dívida e em que termos o faz, podemos descriminar quais os interesses financeiros afectados – distinguindo, por exemplo, entre os pequenos aforradores e o grande capital financeiro especulativo. Em seguida, uma tal opção implicará uma profunda discussão sobre as medidas orçamentais que a devem complementar.

No caso português, necessitamos de uma política fiscal equitativa, penalizadora dos interesses rentistas da burguesia nacional – bem claros nas múltiplas parcerias público-privadas, cujos efeitos redistributivos regressivos são evidentes – e de uma reabilitação duma política industrial modernizadora. São igualmente necessárias medidas de captação da poupança popular interna, nomeadamente através da emissão de dívida pública junto do retalho português, adequadamente remunerada a uma taxa de médio e longo prazo; a penalização do financiamento externo da banca, para que se quebre a sua actuação em cartel e esta volte à sua base de depósitos; e imposição de medidas de reforço do capital social do sector financeiro. Ao nível europeu, estes países devem exigir a suspensão da liberalização dos mercados comerciais e de capitais, propondo uma regulação que lhes permita a autonomia necessária à mudança estrutural das suas economias.

De qualquer forma, a reestruturação acontecerá, no actual contexto europeu, mais tarde ou mais cedo, gerando imediatamente um aumento das taxas de juro da dívida pública dos países periféricos, sobretudo dos mais pequenos, onde as possibilidades de especular e lucrar com a volatilidade são maiores. A intenção do eixo franco-alemão era esta? Parece que sim, visto que está apostado numa estratégia de dominação disciplinadora, que não cuida do facto de o problema das finanças públicas ser geral e ser consequência sobretudo da crise económica que foi, em grande medida, atenuada pelo efeito dos chamados estabilizadores automáticos, ou seja, da quebra das receitas e aumento das despesas. Esquece-se que é impossível um esforço simultâneo de poupança pública e privada sem uma contracção da economia, particularmente num contexto de défice externo estrutural, reflexo de uma integração dependente. A redução do défice público sem crescimento económico só se consegue com um aumento simétrico dos «défices» privados ou com um extraordinário aumento da procura externa, e estas alternativas são muito difíceis no actual contexto.

Num cenário de reestruturação da dívida liderada pelos credores, acompanhada por uma austeridade sem fim e por reformas do mercado de trabalho penalizadoras dos trabalhadores, a situação tornar-se-á insustentável. O contexto internacional de crescimento medíocre não permitirá qualquer saída pelas exportações. Assim, a implosão da zona euro como ela hoje existe é plausível. Mais uma vez, a concertação entre economias periféricas é essencial neste quadro. Uma saída voluntária do euro, escape a um desastre anunciado, poderia dotar estes países de uma nova posição nos mercados internacionais através da desvalorização cambial. Se feita em conjunto, entre países com estruturas produtivas similares, esta saída não se traduziria necessariamente em estratégias puramente individuais e desorganizadas de sobrevivência. Pelo contrário, podia ser o princípio de uma refundação da integração europeia mais solidária e equitativa. A alternativa é agora clara: ou o «Sul» se rebela ou o «Sul» é esmagado.

A CRISE, A DÍVIDA E OS MEIOS DE A CONJURAR

NUNO TELES

As anunciadas eleições legislativas têm a vantagem de devolver aos portugueses a escolha do rumo que querem para o seu país no contexto da maior crise económica desde o 25 de Abril. Todavia, as análises e as propostas são hoje tolhidas na voragem diária das variações dos mercados de dívida pública e na austeridade imposta pelos seus porta-vozes nacionais e europeus. Assim se gera um debate político estreito que impede respostas coerentes à crise.

É impossível perceber a turbulência dos mercados financeiros sem identificar os problemas estruturais com que o país se depara e que estão, aliás, intimamente ligados à especulação nos mercados de dívida. A falta de competitividade da economia portuguesa, traduzida em crescentes défices externos, aliada a poderosos mercados financeiros disfuncionais onde os diferentes agentes se comportam como um rebanho guiado por estreitos critérios financeiros e políticos, facilita a maior percepção do risco soberano, maná da especulação financeira, sobretudo em nações pequenas e economicamente frágeis. Assim se explica que países com um peso relativo da dívida pública em relação ao produto interno bruto (PIB) bem superior ao português, como a Bélgica ou a Itália, não estejam sujeitos à mesma pressão.

Qualquer proposta no campo político deve, por isso, partir de um cuidadoso diagnóstico da economia portuguesa e dos constrangimentos externos que esta enfrenta. As causas da nossa falta de competitividade externa estão razoavelmente identificadas. Desde o início dos anos noventa, obrigado pelos critérios do Tratado de Maastricht, Portugal embarcou na convergência monetária, adoptando uma política de controlo da inflação através da ancoragem do valor escudo ao marco e de uma drástica redução dos défices públicos. Com um aumento de custos superior ao dos seus congéneres europeus, uma maior concorrência externa, provocada pela liberalização dos mercados internacionais, e a impossibilidade de aumentar os preços sob pena de perder quota de mercado, as margens e os incentivos ao investimento no sector dos bens transaccionáveis foram sendo reduzidos. Por outro lado, graças à diminuição da taxa de juro e às políticas públicas promotoras da privatização de sectores sem concorrência, o capital português encontrou espaço para a acumulação garantida no sector dos bens não-transaccionáveis (imobiliário, distribuição, energia, infra-estruturas). Os sucessivos governos optaram assim por uma gestão económica focada no controlo das contas públicas, na esperança de que a liberalização dos mercados por eles empreendida resultasse na espontânea reconversão da economia, pregada pelos ideólogos do neoliberalismo.

Dívida pública e privada: as duas faces da mesma moeda

Este enviesamento na especialização foi agudizado por uma inserção num euro sobrevalorizado, pelo subsequente crescimento dos diferenciais de custos nesta zona monetária e pela emergência de um todo-poderoso sector financeiro nacional, tornado verdadeiro centro de comando da economia portuguesa. Num processo de financeirização que Portugal partilhou com muitos outros países desenvolvidos, o consumo e o investimento passaram a ser controlados e intermediados pela banca nacional, que os dirigiu para os sectores que melhores garantias e lucros lhe poderiam prometer. Esta inserção enviesada da economia portuguesa no euro, aliada à economia do endividamento, conduziu a um galopante aumento da dívida externa. Um caminho de contínuo empobrecimento que, sem mecanismos de ajustamento próprios de uma zona monetária comum, nomeadamente a existência de um robusto orçamento redistributivo europeu, é económica e socialmente insuportável.

Se a dívida pública está no centro da actual turbulência financeira, ela não pode pois ser dissociada dos problemas que afligem a economia portuguesa nas últimas duas décadas. O endividamento externo privado, no final de 2009, totalizava três quartos de todo o endividamento externo, sendo que, destes, outros três quartos eram dívida bancária. De facto, ao contrário do que o debate nacional pode levar a pensar, é no sector bancário que se jogam hoje os principais riscos futuros da economia portuguesa. Os bancos portugueses perderam há pouco menos de um ano a confiança dos mercados financeiros de que precisavam para refinanciar a sua dívida. O enorme endividamento, as pessimistas previsões de crescimento económico e a elevada percepção de risco da dívida pública traduziram-se na impossibilidade de recurso aos mercados. Esta crise de liquidez – na medida em que diz respeito a compromissos de curto prazo – foi solucionada através de empréstimos de emergência do Banco Central Europeu (BCE). No entanto, a imprensa económica internacional tem assinalado a vontade do BCE de acabar quanto antes com estas linhas de financiamento. Assim se percebe a pressão exercida pelo governo português para que os bancos diminuam o tamanho dos seus balanços (vendendo activos e reduzindo o seu endividamento) e aumentem os seus capitais próprios. Tal processo terá como imediata consequência a redução do crédito concedido à economia, agudizando a recessão, ao mesmo tempo que não é de todo certo que consiga ser bem sucedido.

No actual contexto de pressão financeira sobre as famílias e as empresas, é provável que o crédito malparado aumente consideravelmente, devido não só à redução salarial e ao aumento do desemprego mas também à mais do que previsível subida das taxas de juros praticadas pelo BCE durante este ano, obcecado que está pelo actual aumento da inflação decorrente da subida dos custos das matérias-primas e não por qualquer questão monetária. Por outro lado, deve sublinhar-se que os bancos portugueses, na tentativa de melhorarem a sua própria posição internacional – ao mesmo tempo que beneficiam dos elevados juros –, têm sido os grandes compradores (só superados pelo BCE) de títulos de dívida pública nacional. Títulos de cujo valor os bancos provavelmente não vão ser reembolsados. Ou seja, a crise de liquidez pode transformar-se numa crise de solvabilidade, isto é, na incapacidade dos bancos de cumprirem os seus compromissos de longo prazo.

O resultado de um sistema financeiro fragilizado num contexto de crise económica pode, por isso, dar origem a um cenário irlandês para a economia portuguesa: recusa de financiamento do BCE, que se soma à recusa dos mercados internacionais, necessidade de capitalização dos bancos por parte do Estado, nova explosão da dívida pública, ruptura económica geral. Tudo isto num contexto em que o Estado português se aproxima do cenário grego de insustentabilidade da dívida pública. De qualquer forma, na ausência de mais e melhor informação sobre a actual situação da banca, que nos permita um diagnóstico mais detalhado, importa sublinhar a inegável relação íntima entre a situação financeira do Estado e da economia privada. Por isso, qualquer proposta de saída da crise deve articular estas duas dimensões: nos efeitos imediatos da ruptura financeira iminente e nas suas causas estruturais.

Um debate pobre e equivocado

Face aos constrangimentos externos que Portugal enfrenta, o debate político e económico é estreito da direita à esquerda. A direita prepara-se para tomar o poder com um programa que, excluindo algumas opções mais radicais, como a promoção da provisão privada de serviços públicos (privatização da gestão hospitalar e introdução do «cheque ensino» na educação) ou a privatização da Caixa Geral Depósitos, não se distingue, nos seus princípios, dos sucessivos programas de estabilidade e crescimento (PEC) apresentados pelo actual governo: privatizações em catadupa, redução dos custos do trabalho através do despedimento mais fácil e redistribuição regressiva da carga fiscal, aumentando os impostos indirectos (IVA, imposto sobre o valor acrescentado, para 25%). Ou seja, aposta-se, por um lado, nos cortes públicos e na amortização de dívida através de privatizações, de forma a conseguir-se uma dívida pública sustentável e acalmar os mercados financeiros, e, por outro lado, procura-se estimular o crescimento através da redução dos custos salariais.

Estas propostas, para lá da sua evidente crueldade social, baseiam-se, nos seus pressupostos, em três equívocos:

1. A austeridade pública, num contexto de desendividamento do sector privado e défice externo, como acontece no caso português, conduz necessariamente a uma contracção do PIB e, portanto, a um aumento da dívida em percentagem do PIB. A sustentabilidade das contas públicas a médio prazo só é possível num contexto de crescimento económico e de redução do desemprego, que só o Estado, convenientemente almofadado pelas instituições europeias, pode assumir na situação presente.
2. O actual nível de dívida pública (cujo valor consolidado ultrapassa os 100% do PIB) não é sustentável para o Estado português neste contexto recessivo e especulativo. A vã esperança de que um brutal ajustamento das contas públicas, somado às privatizações e a uma qualquer ajuda europeia, possa resultar num apaziguamento dos mercados financeiros, não passa de uma ilusão. Depois dos desastres grego e irlandês, a provável flexibilização do Fundo Europeu de Estabilização Financeira – onde participa, ao contrário da percepção pública, de forma minoritária, o Fundo Monetário Internacional (FMI) – possibilitará a compra directa de dívida aos Estados. Tal reforma conduzirá provavelmente a uma

pequena redução da taxa de juro praticada nos mercados. No entanto, a estratégia nacional e europeia de resolução da crise continuará baseada nestes mercados financeiros, adaptando-se às circunstâncias que estes impuserem ao longo do tempo. Uma estratégia falhada, na qual os países do centro europeu lutam pela preservação de uma arquitectura monetária que lhes é favorável, sem contudo pestanejarem perante o sacrifício das pequenas economias periféricas.

3. O salário não pode ser a variável de ajustamento dos problemas de falta de competitividade da economia portuguesa. O salário é um custo, mas também fonte de procura na economia. A sua diminuição, a par do aumento do desemprego, terá óbvias consequências recessivas. Mais grave, os salários não são a solução para um aumento sustentável das exportações. Os nossos problemas externos dizem sobretudo respeito a uma estrutura produtiva baseada em sectores tecnologicamente atrasados, intensivos em mão-de-obra pouco qualificada, onde os ganhos de produtividade potenciais são residuais. A solução de passar a produzir o mesmo a mais baixo preço não só está condenada ao fracasso devido à crescente concorrência internacional, como também prolonga artificialmente a vida de um modelo de desenvolvimento esgotado há vinte anos.

À esquerda do Partido Socialista, as propostas giram em torno da resistência aos cortes nos apoios sociais, na distribuição mais justa dos custos da crise através da progressividade do sistema fiscal (aumento dos impostos sobre a banca), na renegociação de encargos do Estado com as parcerias público-privadas, num programa de investimento público e de expansão dos serviços públicos que promova o crescimento económico e o emprego e numa vaga necessidade de refundação europeia (mais soberanista ou mais europeísta, conforme as opiniões). Se é certo que estas propostas, certamente justas, resultam razoavelmente, até agora, no míope debate político-económico do nosso país, elas revelam-se porém crescentemente insuficientes no actual quadro de insustentabilidade da dívida pública e da sua articulação com o resto da economia. Esta navegação de cabotagem no actual quadro de profunda crise económico-social impede a elaboração de um programa sistémico, com propostas detalhadas e coerentes, que possa traduzir-se em políticas capazes de colocar o poder do lado do trabalho.

Há alternativas viáveis

As soluções de esquerda para a economia portuguesa não são evidentes e precisam de ampla discussão. Contudo, não é difícil identificar algumas alamedas que têm de ser percorridas no campo da reflexão e da proposta política no curto e longo prazos. Se concordarmos que a actual trajectória da dívida pública é insustentável, então teremos de pensar numa reestruturação com vista à sua redução para níveis que permitam viabilizar a nossa economia. A recente proposta internacional de uma auditoria democrática à dívida grega ([1]) deve servir de roteiro para uma proposta nacional que identifique o tamanho real da nossa dívida e a forma como foi contratualizada e ainda que avalie a sua legitimidade, para que os portugueses assumam as rédeas do inevitável processo de renegociação, exigindo não só um reescalonamento mas também uma redução significativa do seu fardo.

Por outro lado, a banca privada não pode ser entendida como um mero sector lucrativo que, através da contabilidade criativa, escapa aos impostos. A banca é um sector muito particular que detém um bem público (os nossos depósitos) e não pode ir à falência, devido aos efeitos de arrastamento que isso

---

([1]) Apelo e subscritores internacionais disponíveis em www.cadtm.org/CALL-FOR-AN-AUDIT-COMMISSION-ON.

implicaria. O corolário só pode, portanto, ser a defesa do controlo público do sistema financeiro, de forma a não só prevenir futuros males maiores, mas sobretudo de modo a colocá-lo ao serviço da economia e dos trabalhadores na saída da crise.

Mas um programa político sistémico não pode estar focado exclusivamente nos problemas financeiros que nos afligem. Portugal precisa de outro modelo de desenvolvimento, socialmente democrático e ambientalmente sustentável. Devemos, pois, pensar numa política industrial que, articulando políticas de crédito, investimento público, sector empresarial público, investigação científica e participação dos trabalhadores, promova e proteja determinados sectores industriais. Aqueles em que os ganhos de produtividade potenciais se revelem maiores, que contribuam para uma economia de baixo carbono, trabalho de qualidade e que reequilibrem a nossa relação com o exterior.

Sabemos que estas propostas não são exequíveis sem mudanças no actual quadro europeu, subjugado pela ditadura da finança e manietado pelo credo dos mercados livres. A nossa inserção na União Europeia merece portanto uma profunda reflexão, sem preconceitos, que avalie e aponte as opções disponíveis. Face à urgência da crise, dois caminhos alternativos parecem cada vez mais claros: a defesa do federalismo europeu, com os necessários instrumentos políticos, monetários, fiscais e orçamentais, ou a saída da zona euro e a suspensão de muitas das regras do mercado único europeu. Deparamo-nos assim com um dilema: necessitamos urgentemente de um programa alternativo, mas precisamos de tempo para o pensar e elaborar. Só através da mobilização popular podemos fazer este caminho sem saltar etapas, agregando conhecimento e instrumentos de intervenção. Há que começar quanto antes.

DESIGUALDADE, DEMOCRACIA E CRISE

NUNO ORNELAS MARTINS

A crise que vivemos é um fenómeno complexo, de contornos incertos. É fundamental que todos os passos no sentido de ultrapassar as dificuldades sejam dados democraticamente, isto é, com discussão pública do que está em causa, e de modo a que seja claro para todos os intervenientes quais os custos, para cada parte da população, das soluções implementadas. Sendo assim, é urgente apresentar de uma forma simples os problemas fundamentais a tratar e que passos poderão ser dados para a sua resolução. O esoterismo da linguagem utilizada muitas vezes na Economia dificulta esse exercício da democracia, ao tornar difícil a compreensão do que está em causa. Tentando essa abordagem simples, e arriscando estar a ser simplista, apontaria três causas fundamentais da crise, cuja análise poderá ser um bom ponto de partida para compreender este processo complexo.

Essas três causas, a que poderemos chamar «os três DR», parecem-me ser a «Distribuição do Rendimento», os «Desequilíbrios Regionais» e a «DesRegulação». Quanto à primeira, a questão de fundo é a existência de uma enorme desigualdade na distribuição do rendimento. Poderemos não estar todos de acordo sobre o grau de igualdade que deverá existir na sociedade ideal. Mas não é necessário haver acordo sobre que distribuição de rendimento é a ideal para concordarmos que a desigualdade na distribuição de rendimento actualmente existente é muito superior ao que seria razoável em qualquer sociedade ideal concebível. No limite, mesmo aqueles que acreditam que a desigualdade na distribuição é necessária, por exemplo porque acreditam que a «natureza humana» implica a existência de incentivos a quem trabalhe mais, aceitarão que não é necessária uma distribuição do rendimento tão desigual para que existam esses incentivos.

Amartya Sen resume bem esta questão ao argumentar que em muitos casos não precisamos de concordar acerca do que será a sociedade ideal para sabermos que um determinado caminho trará uma sociedade melhor. Neste caso concreto, não é preciso que todos concordem com uma sociedade perfeitamente igualitária para se reconhecer que a sociedade tem de ser mais igualitária do que tem sido. A discordância não reside no caminho a tomar, mas na questão de até onde se deverá prosseguir nesse caminho.

John Maynard Keynes nota que existem não só razões éticas, mas também razões económicas, para uma maior igualdade. Uma distribuição de rendimento mais igualitária implicará um maior nível de rendimento para os indivíduos que têm maiores necessidades de consumo, que são aqueles com menor rendimento. Deste modo, haverá mais consumo, logo uma maior procura efectiva, e por conseguinte um efeito positivo na economia, o que contribui para se recuperar de uma crise como a actual.

Naturalmente, se uma distribuição menos desigual do rendimento implica mais rendimento para quem consome mais, implicará menos rendimento para quem poupa mais. A questão que se coloca é a de saber se uma distribuição de rendimento mais igualitária levará a uma redução da poupança que reduziria o investimento – como é pressuposto na teoria económica ortodoxa, que se preocupa mais com a poupança do que com a igualdade na distribuição do rendimento, acreditando que o aumento da poupança é fundamental para o investimento.

Keynes considerava que um aumento da poupança não levaria necessariamente a um aumento do investimento e do produto, pois essa poupança poderia ser entesourada, especialmente num contexto de crise. Para Keynes, o investimento não é determinado pelo nível de poupança, mas pela expectativa de ganho do investidor. Esse nível de investimento, por sua vez, gerará um nível de produto que originará um nível de poupança compatível com o investimento efectuado. Logo, uma distribuição mais igualitária não implica menos investimento.

Concordemos ou não com a totalidade da análise keynesiana, poderemos pelo menos aceitar que não há necessariamente incompatibilidade entre a sustentabilidade económica e a sustentabilidade social do processo de desenvolvimento, ou uma incompatibilidade com uma concepção ética que enfatize uma distribuição mais igualitária do rendimento, uma vez que uma distribuição de rendimento igualitária tem efeitos benéficos para a economia. Aliás, é essencial uma distribuição de rendimento mais igualitária para assegurar a manutenção da procura.

Desigualdades internas e entre países

A pergunta que se segue é, se isso é verdade, como foi então possível evitar uma depressão durante tanto tempo face à existência de uma desigualdade de rendimento elevada. Entre o fim da Segunda Guerra Mundial e os choques petrolíferos, a redistribuição do rendimento foi assegurada também pela subida dos salários – e na Europa pelo Estado social europeu. A manutenção de um nível elevado de procura num contexto de elevadas desigualdades na distribuição de rendimento foi sendo assegurada também, e em especial nas últimas décadas, devido à concessão de crédito pelo sistema financeiro, que assegurava a existência de procura para o consumo. A crise financeira recente começou precisamente num contexto de cedência de crédito a quem não tinha rendimento suficiente para comprar uma habitação (o caso do *subprime*). E a crise de crédito, depois crise financeira, tornou-se uma crise económica gravíssima precisamente por ter afectado o papel que o sistema financeiro tinha na estimulação da procura, num contexto em que as desigualdades na distribuição do rendimento não permitem um nível de procura superior sem a existência de concessão de crédito.

A desigualdade na distribuição do rendimento verifica-se não apenas dentro de cada país, mas entre os países. Aqui o problema resulta do segundo «DR» a considerar: os «Desequilíbrios Regionais». A globalização trouxe mercados para exportação a alguns e concorrência a outros. No caso dos países da Zona Euro, criou-se um problema de competitividade para algumas economias, como Portugal. A criação das chamadas zonas monetárias óptimas pressupõe que o ajustamento em caso de falta de competitividade dar-se-á pelo trabalho (que tem de ter mobilidade e flexibilidade) e não pela depreciação, ou pela desvalorização, cambial. Isso traduz-se numa pressão sobre os salários, que por sua vez agrava o problema da desigualdade na distribuição do rendimento.

Portugal está entre os países que sofreram com a concorrência, mais do que ganharam novos mercados. Dada a divisão internacional de trabalho resultante do processo de globalização, não é claro quais são os sectores em que Portugal poderá especializar-se de modo a aumentar as suas exportações para o nível que seria necessário. Portugal está «desempregado» e tem de «encontrar um emprego», isto é, sectores que permitam que as suas exportações contribuam para financiar as importações e a economia do país. Provavelmente isso não irá acontecer sem alguma coordenação da política industrial europeia. Não é certamente Bruxelas que saberá em que sector cada região e cada Estado-membro poderá ser mais produtivo, mas também é verdade que nunca na história houve sucesso nesta questão sem articulação de política industrial numa zona económica integrada, como aconteceu nos Estados Unidos, Alemanha, Japão, China e, aliás, em todo o lado.

A atitude perante a crise não tem sido no sentido de resolver o problema da desigualdade na distribuição de rendimento, ou nos desequilíbrios regionais. E, para já, a preocupação está a centrar-se no problema mais imediato do financiamento do

Estado português. Mas o modo como esse problema imediato é tratado poderá ter consequências importantes para os problemas estruturais da distribuição do rendimento e dos desequilíbrios regionais. Se os custos desse financiamento recaem sobre quem tem menos rendimento, ou dificultam o desenvolvimento da indústria nacional, estão apenas a agravar-se os problemas de fundo.

Quanto ao financiamento imediato, o Estado português pode ter várias posturas. Uma posição seria forçar a reestruturação da dívida usando como argumento a possibilidade de não pagamento da totalidade da dívida caso as condições de financiamento não sejam mais favoráveis do que têm sido. A posição diametralmente oposta seria simplesmente aceitar todas e quaisquer condições e medidas que forem exigidas. Os decisores políticos podem adoptar um quadro situado entre estas duas posições contrárias, consoante sentirem maior pressão da população (que levaria à tendência para seguir a primeira via, como acontece na Islândia) ou maior pressão para aceitar o que for exigido ao país (casos da Grécia e Irlanda).

No caso de Portugal, os decisores políticos têm preferido a segunda via, mostrando estar a responder mais à pressão das instâncias internacionais, no sentido de aceitarem o que é exigido ao país, do que da população. Exigir aos decisores políticos que consigam negociar um financiamento em condições menos gravosas, colocando sobre esses decisores uma pressão que contrabalance a que é feita (e os incentivos que lhe estão associados) por outros actores do processo, seria uma possibilidade capaz de produzir efeitos. Mas não existe em Portugal uma cultura de exigência perante os decisores políticos. Este é um caso, entre muitos outros, em que o exercício da democracia seria fundamental e contribuiria para resolver problemas estruturais, nesta circunstância relativos à «Distribuição do Rendimento» e aos «Desequilíbrios Regionais».

O último «DR» refere-se à questão da «DesRegulação». De facto, todo o processo que gerou o agravamento recente das dificuldades financeiras portuguesas, e o papel das agências de notação *(rating)* nesse processo, está longe de ser transparente. As agências de notação mostraram-se incapazes de avaliar correctamente diversos activos financeiros antes da crise de 2008 (iniciada com a crise de liquidez de 2007) e a sua capacidade de avaliar correctamente a dívida portuguesa é, no mínimo, duvidosa. Há outro problema associado, que resulta do facto de existir nas áreas da Economia e Finanças a crença generalizada de que é possível compreender toda a realidade em números, existindo uma grande confiança nos modelos matemáticos de estimação do risco. Isto acontece devido à tendência para ver a Economia como uma ciência exacta, e não como uma ciência social, onde a incerteza é uma constante, e onde os modelos de estimação do risco estarão muitas vezes errados, ao contrário do que se supõe. Além disso, acaba por se usar os modelos para justificar o que já se queria «provar» *a priori*, e não para uma avaliação imparcial e isenta. A opacidade do processo permite esse uso e dificulta a discussão sobre a regulação financeira, no quadro da qual seria importante um imposto sobre as transacções financeiras que promovesse o investimento de longo prazo, como Keynes defendia. A ausência desse imposto promove a especulação, mas a crença na desregulação leva à dificuldade de o implementar – tal como de eliminar os paraísos fiscais.

Três problemas com solução

Os três problemas referidos aqui – «Distribuição do Rendimento», «Desequilíbrios Regionais» e «DesRegulação» – têm solução. Existem inúmeras maneiras de abordar estas questões, seja através da política fiscal, da política orçamental, da política de rendimentos, da política industrial, da política de regulação ou de muitas outras. O que é fundamental nesse processo é que seja democrático, isto é, que haja conhecimento do que está a ser feito, com que custos e para quem. A democracia é fundamental não apenas por razões éticas, mas também por razões epistemológicas: a própria discussão e o debate de ideias são criadores de novo conhecimento relevante para o problema que se pretende resolver.

Seria complicado obter suporte democrático para um programa que implicasse, explicitamente, o aumento da desigualdade de rendimento ou dos desequilíbrios regionais. Mas não deveria ser muito complicado obter esse suporte para um programa voltado para uma maior igualdade na distribuição do rendimento, para a redução dos desequilíbrios regionais ou para a regulação de uma economia que se tem revelado incapaz de responder às necessidades da população. A Economia, enquanto área académica relevante, deveria ser capaz de promover esse debate.

INTERVENÇÃO EXTERNA E DESUNIÃO EUROPEIA

João Rodrigues

A intervenção externa no nosso país precisa de uma boa metáfora. Inspirado pelas violentas práticas de extorsão de Tony Soprano, complexa personagem de um mafioso na popular série de televisão *The Sopranos*, o economista Michael Burke forneceu-a: estamos perante um «resgate Tony Soprano» ([1]). O dia 6 de Abril, quando José Sócrates anunciou ao país a decisão de recorrer ao financiamento externo do Fundo Europeu de Estabilização Financeira (FEEF) e do Fundo Monetário Internacional (FMI), a taxas de juro certamente superiores às que vigoravam para a dívida soberana no início de 2010, assinala um importante momento de «evolução na continuidade» na violenta e antipopular operação de salvamento público do sector financeiro nacional e internacional. Uma política que tem comandado a integração europeia. É uma operação violenta e antipopular porque o pagamento aos credores externos e a recapitalização dos bancos continuarão a ser feitos à custa dos rendimentos directos (salários) e indirectos (prestações sociais e serviços públicos) da maioria dos trabalhadores, cuja desvalorização se orquestra com denodo. Acresce a venda forçada dos activos públicos a baixo preço, apesar do irrelevante encaixe financeiro e da perda irreversível de importantes instrumentos de política pública em sectores estratégicos, num último e mais predador fôlego de um processo iniciado durante o «cavaquismo».

([1]) Michael Burke, «Portugal and the Tony Soprano Bailout», *The Guardian*, 7 de Abril de 2011.

As peripécias partidárias que precipitaram a formalização da intervenção externa – em vigor desde 2009, a coligação informal entre o Partido Socialista (PS) e o Partido Social Democrata (PSD), correia de transmissão nacional do consenso de Bruxelas-Frankfurt, não aguentou o quarto Programa de Austeridade e Crescimento (PEC) em menos de um ano – são menos importantes do que o esforço para compreender a natureza do bloco económico-político que nos meteu num círculo vicioso da austeridade, gerador de desemprego, recessão e fragilidade financeira, e que pressionou decisivamente para o recurso ao que chama de «ajuda externa».

A banca sem *stress*?

O dia 5 de Abril foi agitado no Banco de Portugal e no Ministério das Finanças, vizinhos históricos na Baixa de Lisboa, mas cuja interacção é desde há uma década mediada por um Banco Central Europeu (BCE) que está impedido pelos tratados europeus de financiar directamente os Estados, mas que o pode fazer indirectamente. Assim, financia no curto prazo os bancos a taxas de juro residuais para que estes comprem os títulos da dívida soberana a mais longo prazo, a taxas de juro bastante mais elevadas. Enquanto dura, esse processo de intermediação financeira, cujo risco entretanto se vai revelando, é bastante lucrativo para os bancos. Dependendo desde há algum tempo do BCE para ter liquidez, e com os especuladores internacionais a afastarem-se da dívida soberana nacional, apostando na redução do seu preço, os bancos nacionais compraram a maior parte da dívida ao Estado no último ano. No entanto, pressionados pelas agências de notação, com a perspectiva de testes de *stress* reveladores das suas fragilidades e que vão obrigar a reforços do seu capital próprio, os cinco principais bancos decidiram que não podiam esperar nem mais um dia. Tinham de garantir o acesso a uma fatia – fala-se em 15 mil milhões de euros – de um financiamento externo ao

Estado português, que se prevê que possa ultrapassar os 90 mil milhões de euros até 2013, e que estes bancos consideram crucial para evitar o cenário da nacionalização, agora que sabem que não podem falir.

Tentam, como sempre, transferir, em última instância, os seus custos para um Estado que já prometeu, através de Teixeira dos Santos, apoiá-los sem contrapartidas, continuando as mesmas políticas de sempre: parcerias público-privadas em que participaram; um sistema fiscal desenhado para garantir que pagam baixas taxas de imposto sobre o rendimento das pessoas colectivas (IRC); incentivos fiscais ao crédito; generosas comissões na montagem de privatizações; paraíso fiscal na Madeira; e acesso, em 2009, a mais de dois terços da ajuda anticrise. Os bancos tentam também continuar a transferir o seu fardo para o conjunto da comunidade: para as famílias e empresas produtivas, a quem cobram, entre outras, comissões sem fim, aproveitando-se da assimetria de poder que uma regulação complacente autoriza, e cujo acesso ao crédito, em especial por parte das empresas exportadoras de média dimensão, agora bloqueiam, causando grande prejuízo à economia nacional. O que está aqui em causa é então uma nova fase do que Costas Lapavitsas apodou de processo de *«expropriação financeira»* [2], que tem vários mecanismos: de um serviço da dívida pública e privada cada vez mais oneroso à socialização dos prejuízos causados pelos choques de mercados financeiros tão disfuncionais quanto liberalizados, passando pela captura das infra-estruturas públicas e dos bens e serviços associados ao Estado social, área em que as oportunidades para os grupos económicos se apropriarem de novas rendas, geradas pela vulnerabilidade dos cidadãos perante o poder empresarial, aumenta com a terapia de choque que está ser planeada.

---

[2] Costas Lapavitsas, «Financialised Capitalism: Crisis and Financial Expropriation», *Historical Materialism*, vol. 17, nº 2, 2009.

Ao contrário do que afirmou Robert M. Fishman, um atento observador norte-americano do nosso país, mas dado a alguns idealismos, a intervenção externa não foi um simples golpe dos agentes que operam nos mercados financeiros contra a economia política progressista de um país que insiste em manter uma «economia mista» com laivos keynesianos ([3]). A pressão externa convergiu com um bloco político-económico interno, liderado por grandes grupos económicos e financeiros rentistas. Um bloco que ganhou com a aventura do euro e com os correspondentes enviesamentos para os sectores dos bens não-transaccionáveis que a sobrevalorização da moeda, o acesso fácil aos circuitos financeiros internacionais e uma política industrial insuficiente permitiram. Os agentes internacionais que operam nestes circuitos financeiros estavam aliás apostados em reciclar os excedentes financeiros do centro europeu, o que fizeram com considerável ineficiência para as deficitárias periferias, assim indicando o erro da sabedoria económica convencional nesta área. Enfim, um bloco que é responsável pelo facto de a economia política nacional só ter conhecido duas palavras nas últimas duas décadas – liberalização e privatização –, hoje incompatíveis com o acervo de direitos sociais e laborais que foi o lastro de um curto período de democracia de alta intensidade no nosso país.

O realismo e a utopia de Blanchard

Confirma-se a incompatibilidade dos mercados financeiros liberalizados com a escolha democrática nacional para que trabalhos recentes têm apontado ([4]): o bloco central PS-PSD será formalizado antes das eleições com um programa cujos con-

---

([3]) Robert M. Fishman, «Portugal's Unnecessary Bailout», *The New York Times*, 12 de Abril de 2011.

([4]) Dani Rodrik, *The Paradox of Globalization*, Oxford University Press, Oxford, 2011.

tornos ficaram já definidos pelas palavras-chave que saíram da declaração europeia de dia 7 de Abril sobre a intervenção em Portugal: *«condicionalidade estrita»*, *«ajustamento orçamental ambicioso»*, *«remoção da rigidez no mercado de trabalho»*, *«medidas para manter a solvabilidade e liquidez do sector financeiro»*, *«ambicioso programa de privatizações»*, PEC IV como *«ponto de partida»*. No fundo, imitar a Grécia e a Irlanda. As mesmas políticas de austeridade e de desregulamentação laboral, as mesmas consequências recessivas, a mesma dinâmica imparável de insolvência das famílias e dos Estado periféricos.

Neste contexto, a liberal *The Economist* parece um dos economistas que escrevem no *Le Monde diplomatique*: *«Ao mesmo tempo que a austeridade torna cada vez mais longínqua a saída da crise, o pagamento das dívidas destes países – que se prevê atinjam os 160% do PIB na Grécia, 125% na Irlanda e 100% em Portugal – torna-se cada vez mais difícil, o que faz com que as taxas da dívida soberana se mantenham elevadas. O resultado é uma espiral descendente»* ([5]). Esta situação seria mais improvável se os Estados detivessem a sua própria moeda ou se a zona euro tivesse um orçamento digno desse nome e um banco central que pudesse financiar directamente os seus défices.

A míope intransigência austeritária do centro europeu, que os governos da periferia aceitam com passividade, faz com que o FMI pareça o polícia bom. E a verdade é que os seus estudos de investigação recentes têm apontado para as consequências recessivas do tal «ajustamento orçamental ambicioso», para o papel das desigualdades económicas, que a fragilização das regras laborais só irá aumentar, no desencadear da crise e até para as virtudes dos controlos de capitais que evitam os efeitos desestabilizadores da especulação nos processos de desenvolvimento. Talvez por isso, Olivier Blanchard, o seu economista-chefe, tenha vindo a terreiro defender condições mais realistas nos empréstimos, em termos de taxas de juro e

---

([5]) «They're bust. Admit it», *The Economist*, 31 de Março de 2011.

de prazos e mesmo nos prazos para o tal ajustamento orçamental. No entanto, isto não deve iludir, como sublinha Mark Weisbrot, a questão dos interesses nacionais e financeiros que comandam as operações concretas do FMI, que têm acabado sempre por convergir com a máxima ortodoxia por essa Europa fora ([6]).

Olivier Blanchard é aliás conhecido entre os economistas portugueses por ser um dos mais entusiastas defensores de cortes, na ordem dos 20%, dos salários nominais no nosso país para reconquistar, na ausência de outros instrumentos de política, a competitividade perdida com o euro. Cortar salários constitui um dos elementos centrais dos programas de austeridade em vigor ([7]). Uma distopia que explica o seu mais que previsível relaxamento com um desemprego que ultrapassa duradouramente os 10% e a obsessão com a demolição das regras laborais. Uma prescrição para o desastre da interacção perversa entre deflação salarial e incapacidade para fazer face à elevada dívida privada, o que aumenta os riscos para o próprio sistema bancário. Uma prescrição incapaz de resolver os problemas da competitividade, que não estão nos custos salariais portugueses, mas sim no medíocre padrão de especialização produtiva nacional, nos custos e qualidade do capital, nos custos de bens essenciais como a energia e no acesso ao crédito. Os salários reais têm estado alinhados com a produtividade no nosso país. Além disso, hoje sabemos que o mercado interno europeu, principal destino das nossas exportações, tem sido comprimido pela aposta alemã, mas não só, em reduzir substancialmente o peso dos salários no rendimento nacional.

([6]) Mark Weisbrot, «Emerging Out of the IMF's Shadow», *The Guardian*, 18 de Abril de 2011.

([7]) Olivier Blanchard, «Adjustment Within the Euro. The Difficult Case of Portugal», *Portuguese Economic Journal*, nº 6, 2007.

O que nasce torto...

Os detalhes da intervenção externa são menos importantes do que a cumplicidade e a passividade do bloco central português. Afinal de contas, as divergências tácticas conhecidas ocorreram entre os elementos da *troika*. Um governo que quisesse negociar um financiamento gerador de crescimento e de emprego e promotor de uma reestruturação modernizadora da economia tinha de ter usado há muito, em articulação com os governos das periferias, a arma dos fracos: a ameaça da reestruturação da dívida, já aqui por nós defendida (8). Aliás, o espectro da reestruturação grega deixa os poderes europeus em pânico. Um responsável do BCE fala de um momento Lehman Brothers na Europa, à semelhança do que aconteceu em 2008 nos Estados Unidos. Não são só os bancos que são demasiado grandes para falir. Os sistemas financeiros europeus estão demasiados interligados para que o contágio não se difunda, para que sejam só os bancos nacionais, que hoje detêm uma percentagem maior da dívida pública portuguesa do que quando se começou a falar de reestruturação, a sofrer perdas. A sua estratégia é adiar ao máximo esta inevitabilidade, esperando que os bancos entretanto se consolidem.

A retórica, essa é a mesma de sempre. Multiplicam-se as declarações de governantes espanhóis que nos garantem que a Espanha não é Portugal. Outros dirigentes europeus, como a ministra das Finanças francesa, asseguram que Portugal funcionou como um «corta-fogo» da crise. Declarações deste género têm funcionado como um indicador avançado de novos problemas. O problema espanhol que se segue terá a dimensão de 600 mil milhões de euros. O problema deixará de ser das periferias. Passará a ser o que sempre foi: um problema europeu. Um problema de governos e instituições europeias

---

(8) Eugénia Pires, João Rodrigues e Nuno Teles, «Depois do fim do romance europeu», *Le Monde diplomatique – edição portuguesa*, Dezembro de 2010.

que não quiseram ou conseguiram resolver o problema bancário, reestruturando os bancos e aumentando a presença e o controlo públicos; nem resolver o problema da dívida soberana, emitindo euro-obrigações e transformando o BCE num verdadeiro banco central; nem resolver o problema do investimento e do emprego, aumentando os poderes e a esfera de acção do Banco Europeu de Investimento. O reconhecimento destes problemas, do fracasso desta arquitectura institucional, da austeridade que segrega, poderá já vir tarde demais. Os especuladores apostam na desunião. Será que se aplicará o ditado? O que nasce torto…

O AUSTERITARISMO, MUTAÇÃO DO PENSAMENTO ÚNICO

SANDRA MONTEIRO

A crise originada em 2007 no sistema financeiro internacional poderia ter conduzido a profundas transformações no funcionamento e finalidades deste sector. Os poderes públicos poderiam ter olhado para os seus efeitos negativos sobre o conjunto da sociedade e decidido reapropriar-se de instrumentos de política económica e financeira que limitassem os seus impactos no presente e impedissem a sua repetição ou escalada futura.

Em vez disso, abdicaram de reformar em profundidade o sistema financeiro e permitiram que este transferisse os custos da sua recuperação para os Estados, através de custosas operações de salvamento seguidas de ataques especulativos às dívidas soberanas, a começar pelas das economias mais fragilizadas e periféricas. A inclusão destas economias na zona euro não as protegeu de tais ataques, com as instituições da União Europeia a serem mesmo parte activa na imposição de um caminho de prolongada recessão económica e regressão social que traz consigo o risco da desintegração europeia.

A economia de austeridade é, precisamente, a resposta dos Estados que materializa essa transferência para os cidadãos dos custos da recuperação do sistema financeiro. Ela pode ser imposta directamente pelos poderes nacionais ou de forma indirecta pelos credores? Fundo Monetário Internacional (FMI), Fundo Europeu de Estabilização Financeira (FEEF)? com quem estes assinam planos de refinanciamento, como acontece com Portugal. Esse crédito, pago a juros tão elevados que parece a crónica de um incumprimento anunciado, permite lucros avultados aos credores, alimenta o serviço de uma dívida que continua a furtar-se à tão necessária auditoria, restaura a liquidez bancária e só residualmente chega à economia, onde se agravam de modo persistente todos os problemas e bloqueios de que esta já padecia.

Entre défices comerciais que exprimem os desequilíbrios externos na União Europeia e uma procura interna que colapsa com taxas de desemprego acima dos 10%, acompanhados de políticas de compressão salarial e flexibilização dos despedimentos, a austeridade impede a recuperação da economia. A distribuição socialmente assimétrica dos cortes, sobretudo quando ocorre em sociedades já profundamente desiguais como a portuguesa, precipita a regressão social. Os cortes da austeridade atingem a provisão dos serviços públicos e as prestações sociais, comprometendo ou destruindo o seu carácter universal. Em troca os cidadãos vêem-se perante uma construção social impensável na Europa antes da crise: descobrem-se cidadãos de um Estado mínimo e assistencialista, no qual se privatizou tudo o que gera lucros garantidos a interesses privados. A crise económica prevalece, mas juntou-se-lhe uma crise social e política que abala a contrato em que assenta a democracia.

Como é possível que em sociedades democráticas sejam impostos caminhos tão desastrosos para a maioria e até que em actos eleitorais esses rumos sejam reforçados por consentimento popular? O problema não tem resposta simples e suscita reflexões a partir de campos muito diversos, da financeirização das economias e dependências que isso causa aos diferentes graus de implantação do Estado social e aos sistemas de expectativas que lhes estão associados. Mas dificilmente poderá ser compreendido sem ter em conta o papel desempenhado por esse dispositivo de enquadramento das fronteiras do possível na globalização neoliberal a que se chamou «pensamento único» e, em particular, sem considerar o papel que o campo mediático tem na sua consolidação.

«O que é o pensamento único? A tradução em termos ideológicos, com pretensão universal, dos interesses de um conjunto de forças econó-

micas, em particular as do capital financeiro», propunha Ignacio Ramonet no *Le Monde diplomatique* em 1995 ([1]). Nessa altura, tal como hoje, o que caracteriza esse poderoso mecanismo de condicionamento do que é pensável é, com efeito, o modo como as mais diversas estruturas, instituições e actores (políticos, económicos, universitários, jornalísticos...) são utilizadas, à escala global, ao serviço de ideias e interesses que apesar de serem particulares são apresentados como universais.

O empreendimento destina-se a fazer perdurar posições que num dado momento histórico se tornaram hegemónicas e fá-lo, ontem como hoje, através da repetição de que não há alternativas à organização económico-social implantada, porque ela é o estado «natural» da sociedade. Encobrindo a dimensão de construção que todas as escolhas de economia e de sociedade encerram ? o que é sempre tanto mais necessário quanto mais minoritários são os interesses beneficiados por essa construção ?, o pensamento único faz o elogio do neoliberalismo como sistema irreversível; do comércio livre como garante de desenvolvimento; da privatização, liberalização e desregulamentação como mais eficazes do que a acção directa do Estado; e dos mercados eficientes como prova de racionalidade de um sistema capaz de calcular e gerir os riscos.

Desde que foram criadas, no pós-Segunda Guerra Mundial, as instituições internacionais que ainda hoje zelam pela globalização neoliberal que o planeta vinha sendo confrontado com as suas desastrosas consequências económicas, sociais e ambientais. Mas a fase do ciclo económico em que se estava na década de 1990 era mais propícia, sobretudo nos países do Norte, à divulgação do mito da *«globalização feliz»* ([2]). Com a crise iniciada em 2007, e sobretudo com as devastações causadas pela economia de austeridade, os defensores do neoliberalismo compreenderam que era necessário adaptar o discurso da «globalização feliz» às novas e profundas dificuldades

---

([1]) «O pensamento único», *Le Monde diplomatique*, Janeiro de 1995.

([2]) Título do livro de Alain Minc (Plon, Paris, 1997).

impostas à maioria das pessoas. Sem permitir, ainda assim, que fosse posto em causa o carácter «natural» e «irreversível» do sistema económico, para manter o essencial do projecto neoliberal, isto é, a disputa do poder do Estado para operar uma transferência de recursos públicos e gerados pelo trabalho, crescentemente canalizados para a formação dos lucros das grandes empresas e para o capital financeiro.

O austeritarismo é, deste modo, a mais recente mutação do pensamento único. Mantém toda a sua vocação para delimitar o que pode ser pensado como possível e assim excluir como irracionais, insensatas ou utópicas todas as escolhas económicas e políticas que ponham em causa os alicerces do sistema. Recorre aos mesmos dispositivos de produção e divulgação das ideias que são repetidas à saciedade, sem demonstração nem comprovação, num espaço público empobrecido, destituído de antagonismos e, por isso mesmo, privado da maturidade das escolhas que a pluralidade de pontos de vista permite. Nesta sua mutação, o pensamento único precisa, mais do que nunca, de responsabilizar os próprios destinatários da austeridade pelos males que os afligem. Este matraquear está presente em todas as metamorfoses dessa imoral responsabilização, visível na retórica do «viver acima das possibilidades», do «incentivo à poupança», da «aceitação da ajuda externa» ou do «querer ser curados».

Nas nossas sociedades mediáticas é na comunicação social, e em particular nas televisões, que se faz a intermediação e consolidação do pensamento único. Um jornal como o *Le Monde diplomatique*, que fez a opção por um modelo cooperativo para assegurar a sua independência redactorial e económica, e que aposta nos contributos de intelectuais e especialistas de vários campos do saber, trava uma guerra assimétrica com os grandes grupos de comunicação social. Procura que os pontos de vista e as análises que difunde perdurem no espaço público, até para que o leitor julgue por si, passando o teste do tempo e do confronto com o real, se os conteúdos que lhe propomos são ou não pertinentes e válidos para a sua própria reflexão.

A informação que resulta das pressões do imediato, do superficial e das audiências, associada a investigações e análises frágeis e estreitas, que subalternizam a crítica, é demasiadas vezes subtraída nas nossas sociedades ao escrutínio do tempo e dos cidadãos. Essa situação pode interessar ao pensamento único, mas é em si mesmo prejudicial para a credibilidade do campo mediático e para qualidade das democracias. Como afirma Mário Mesquita num livro de 2003 que mantém toda a sua actualidade, *«em época de crise, perante os ataques que visam reduzir a autonomia da informação jornalística, em nome de interesses estratégicos da política e da economia, a melhor defesa do jornalismo consiste em proceder lealmente à sua própria crítica»* ([3]). O leitor dirá do acerto das análises que aqui encontra sobre a crise. Bom seria que os outros meios de comunicação olhassem para as suas análises e procedessem lealmente à sua própria crítica.

([3]) *O Quarto Equívoco? O Poder dos Media na Sociedade Contemporânea*, MinervaCoimbra, 2003, p. 88.

SOBRE OS AUTORES

João Ferreira do Amaral, Economista, Professor Catedrático aposentado do Instituto Superior de Economia e Gestão da Universidade Técnica de Lisboa.

Pedro Bingre do Amaral, Docente e investigador no ensino superior, nas áreas de ambiente e ordenamento do território.

Jorge Bateira, Economista, co-autor do blogue *Ladrões de Bicicletas.*

José Castro Caldas, Economista, investigador do Centro de Estudos Sociais da Universidade de Coimbra, co-autor do blogue *Ladrões de Bicicletas.*

Carlos Carvalhas, Economista.

João Pinto e Castro, Economista, consultor de gestão e docente universitário.

Francisco Louçã, Economista, Professor Catedrático do Instituto Superior de Economia e Gestão da Universidade Técnica de Lisboa.

Miguel Madeira, Economista, co-autor dos blogues *Vento Sueste* e *Vias de Facto.*

Ricardo Paes Mamede, Economista, Professor do Departamento de Economia Política do Instituto Superior de Ciências do Trabalho e da Empresa, co-autor do blogue *Ladrões de Bicicletas.*

Nuno Ornelas Martins, Economista, Professor na Universidade Católica Portuguesa, Porto.

Sandra Monteiro, Directora do *Le Monde diplomatique – edição portuguesa.*

Eugénia Pires, Economista, doutoranda em Economia na *School of Oriental and African Studies* da Universidade de Londres

José Reis, Economista, Professor Catedrático da Faculdade de Economia da Universidade de Coimbra, investigador do Centro de Estudos Sociais da Universidade de Coimbra.

João Rodrigues, Economista, investigador do Centro de Estudos Sociais da Universidade de Coimbra, co-autor dos blogues *Ladrões de Bicicletas* e *Arrastão.*

António Carlos dos Santos, Jurista e sociólogo. Professor da Universidade Autónoma de Lisboa.

Manuela Silva, Economista, Professora do Instituto Superior de Economia e Gestão da Universidade Técnica de Lisboa. Aposentada.

Octávio Teixeira, Economista.

Nuno Teles, Economista, doutorando em Economia na *School of Oriental and African Studies* da Universidade de Londres, co-autor do blogue *Ladrões de Bicicletas.*